# 現代ドイツ
# 税制改革論

関野満夫 著

税務経理協会

# 目　次

## 序　論
1　グローバル化と現代税制 …………………………………………… 1
2　現代ドイツ税制の構造と特徴 ……………………………………… 3
3　本書の課題と構成 …………………………………………………… 6

## 第1章　所得税改革と所得再分配
　　　　－税制改革2000の検討を中心に－

　はじめに ………………………………………………………………… 11
1　ドイツの所得税と所得再分配 ……………………………………… 12
2　税制改革2000と所得税減税 ………………………………………… 15
3　所得税による所得再分配効果の変化 ……………………………… 21
4　超高所得層（スーパーリッチ）への恩恵 ………………………… 28
　おわりに ………………………………………………………………… 35

## 第2章　所得税のフラットタックス構想
　　　　－キルヒホーフ案の検討を中心に－

　はじめに ………………………………………………………………… 39
1　所得税改革とフラットタックス …………………………………… 39
2　キルヒホーフ案の登場 ……………………………………………… 42
3　キルヒホーフ案と累進課税 ………………………………………… 46
4　キルヒホーフ案の効果 ……………………………………………… 49
5　フラットタックスの可能性 ………………………………………… 54
　おわりに ………………………………………………………………… 58

i

## 第3章　売上税（付加価値税）の現状と改革案
　　　－軽減税率の機能と廃止案の検討を中心に－

　はじめに ……………………………………………………………… 59
　1　現代ドイツの売上税 ……………………………………………… 60
　2　売上税負担の逆進性と軽減税率 ………………………………… 66
　3　軽減税率の廃止案　－Peffekoven構想－ ……………………… 72
　4　軽減税率廃止と低所得者対策 …………………………………… 78
　おわりに ……………………………………………………………… 85

## 第4章　2008年企業税制改革
　　　－グローバル化と企業課税－

　はじめに ……………………………………………………………… 87
　1　企業課税の現状と課題 …………………………………………… 88
　2　企業経営のグローバル化 ………………………………………… 95
　3　2008年企業税制改革 …………………………………………… 100
　4　改革への評価をめぐって ……………………………………… 105
　おわりに …………………………………………………………… 110

## 第5章　企業税制と営業税問題
　　　－グローバル化と地方企業課税－

　はじめに …………………………………………………………… 113
　1　ドイツの租税システムと営業税 ……………………………… 114
　2　市場経済財団の『租税政策プログラム』 …………………… 122
　3　ベルテルスマン財団の企業税制改革案 ……………………… 128
　4　ドイツ都市会議からの評価 …………………………………… 136
　おわりに …………………………………………………………… 140

## 第6章　富裕税（純資産課税）の動向と再導入論

　はじめに ……………………………………………………………… 143
　1　ドイツの資産課税 ………………………………………………… 144
　2　ドイツの財産税（純資産税）…………………………………… 150
　3　ドイツにおける所得・資産格差 ………………………………… 154
　4　近年における純資産課税構想 …………………………………… 158
　おわりに ……………………………………………………………… 164

## 第7章　環境税制改革

　はじめに ……………………………………………………………… 165
　1　環境税制改革の概要 ……………………………………………… 166
　2　環境税制改革の負担構造 ………………………………………… 171
　3　環境税制改革の環境効果と限界 ………………………………… 177
　4　環境税制改革と租税構造 ………………………………………… 184
　5　環境税制改革の展望 ……………………………………………… 188

あ と が き ……………………………………………………………… 191

参 考 文 献 ……………………………………………………………… 193

# 序　　論

## 1　グローバル化と現代税制

　1990年代以降の経済グローバル化の進行とともに，2010年代の今日までに先進諸国の税制および租税構造に関しては大きな変化が起きている[1]。その主な具体的内容としては次の4点があげられよう。

　第1に，所得・利潤に課される税率が顕著に引き下げられたことである。例えば，累進税制をとる個人所得税の最高税率（国税・地方税の合計）は，1970・80年代までは60～80％台の国が一般的であったが，2010年代の今日では大半の諸国では30～40％台に低下している。また，法人税など企業利潤課税の実効税率も1970・80年代は大半の諸国で40～60％台にあったが，2010年代には30％前後の国が一般的になっている[2]。これは経済グローバル化を背景にして，企業立地，資本投資，高額所得者をめぐって新興諸国も含めた先進諸国相互間でのいわば租税競争・税率引下げ競争（race to the bottom「底辺への競争」）の状況が生じてきたためである。

　第2に，課税ベースの重点が個人所得・法人利潤などの「所得」ベースから，一般消費税（付加価値税）を中心にした「消費」ベースにシフトしつつあることである。1980年代以降に新自由主義経済学および供給重視経済学の影響力が強くなるに従い，税制に関しても経済活動への中立性がより重視されるようになってきた。つまり，企業利潤への課税は企業の投資意欲を損ない，個人所得への高い所得税率は勤労意欲を損なうだけでなく貯蓄抑制にもなるなど経済活動に中立的ではなく，一国の経済活力も阻害しかねない。また，支払給与ベー

---

[1]　グローバル化に伴うドイツを含めた先進諸国の税制動向・国際比較については，さしあたり，Haarmann（2007），諸富（2009）を参照されたい。
[2]　中村編（2012），諸富（2009）などを参照。

スで賦課される社会保険料負担が過重になると，企業の雇用意欲に悪影響を与えてしまう。一方，「消費」ベースへの課税ならば貯蓄，投資，労働供給への影響もなく，なかでも特定の財・サービスではなく普遍的に課税される一般消費税は課税形態として望ましいことになる。

　第3に，税制の簡素化が進んでいることである。従来の所得税では高い最高税率と多数の税率区分（ブラケット）がセットになっていたが，近年の最高税率引下げとともにブラケット数も大幅に減少して簡素な税率区分になった。これによって納税者にとって，より分かりやすい所得税制になったことは事実であろう。また，包括的所得税論に基づく総合課税原則から離れて，二元的所得税（勤労所得には累進課税，金融所得には比例課税）に移行する諸国もみられる。これは経済グローバル化の進行の中で，逃げ足が速く捕捉しづらい金融所得・資産性所得を自国の課税ベースにとどめておく方策であるが，所得税制の簡素化という意味もあろう。さらに法人税率の引下げと同時に多くの国では，企業向けの租税特別措置（支払利子や設備投資額の税額控除・所得控除参入など）を廃止・縮小して課税ベースを拡大している。これ自身は法人税の簡素化ないし中立化という側面があるが，他方では法人税率引下げによる法人税収の低下を課税ベース拡大によって回避する効果も発揮している。なお，所得税の均一税率化（フラットタックス）や一般消費税での軽減税率の廃止という措置は，税制簡素化の極限ともいえるが，少なくない諸国で実施されている。

　第4に，各国において環境税制を重視する傾向が強くなっていることである。経済グローバル化が進行した1990年代以降は，他面では地球温暖化の問題と対策が本格的に議論されるようになった時代でもある。各国において$CO_2$排出量を抑制するために，炭素税導入やエネルギー関連税の増税など環境税がその重要な手段として位置づけられるようになった。そして多くの諸国では，この環境税は単に環境政策上の効果をあげるだけではなく，環境税増収分を所得税減税や社会保険料負担引下げ財源として活用して，経済グローバル化の中での自国の雇用問題にも対処するという，「二重の配当」を意図した環境税制改革として遂行されてきた。つまり，環境税は結果的には課税ベースの中での「所

得」ベースを縮小する方向にも作用することになる。

　さて，現代国家の租税のあり方（租税原則）としては一般に「公平」「中立」「簡素」が重視されることが多い。そして上記にみたように1990年代以降の先進諸国の税制・租税構造に関しては，グローバル化に対応して自国経済の活力を維持・促進するために，もっぱら「中立」と「簡素」を重視した税制改革が遂行されてきている。しかし，所得税最高税率引下げ，法人税率引下げ，一般消費税への依存拡大という方向での税制改革は，もう1つの租税原則である「公平」原則を軽視したものとなり，特に垂直的公平ないし応能課税原則に基づく税制による所得再分配機能を損なうという事実は否定しがたい。同時に重大なのは，まさにこの間に多くの先進諸国においては国民の間での所得・資産格差が拡大してきていることである[3]。その背景には，①経済グローバル化とともに，一方では自国からの製造業などの企業・資本の流出，新興諸国の低賃金労働との競争，雇用の規制緩和，等を通じて勤労者の雇用・賃金の停滞・不安定化が進んだこと，②企業経営者およびIT・金融・証券関連での高額所得層の形成・拡大が進んできたこと，③これまでの税制改革によって税制の所得再分配機能が縮小してきていること，などがあろう。つまり，現代の先進諸国税制においては，「公平」な租税があらためて問われているのである。

## 2　現代ドイツ税制の構造と特徴

　ドイツはEUの経済大国であり，EU政治経済のリーダーかつ中核国である。そのドイツの税制も，経済グローバル化，特にEU経済統合の深化・拡大とともに，1990年代から2000年代にかけて大きな変化を示している[4]。今，その変化をみる前に，従来からのドイツ税制の構造的特徴を確認しておこう。

---

[3]　1980年代～2000年代の先進諸国における所得分配の不平等，所得格差の進行については，OECD（2008a）を参照されたい。
[4]　2000年代におけるドイツ税制の現状と税制改革の全般的動向については，Truger Hg.（2006）がある。

表序-1は，1990年と2010年におけるドイツ，アメリカ，スウェーデンの3国およびOECD平均の租税・社会保障負担のGDP比とその内訳を表している。ここからは次の4点をドイツの租税構造の特徴として指摘できよう。

表 序-1 租税・社会保障負担のGDP比　　　　　　　(%)

|  | 1990年 アメリカ | 1990年 ドイツ | 1990年 スウェーデン | 1990年 OECD平均 | 2010年 アメリカ | 2010年 ドイツ | 2010年 スウェーデン | 2010年 OECD平均 |
|---|---|---|---|---|---|---|---|---|
| 個人所得税 | 10.1 | 9.6 | 20.1 | 10.3 | 8.1 | 8.8 | 12.7 | 8.4 |
| 法人所得税 | 2.4 | 1.7 | 1.6 | 2.6 | 2.7 | 1.5 | 3.5 | 2.9 |
| (小計) | 12.5 | 11.3 | 21.7 | 12.9 | 10.8 | 10.3 | 16.2 | 11.3 |
| 資産課税 | 3.1 | 1.2 | 1.8 | 1.8 | 3.2 | 0.8 | 1.1 | 1.8 |
| 消費課税 | 4.1 | 9.0 | 12.6 | 9.9 | 3.7 | 10.3 | 12.9 | 10.4 |
| うち一般消費税 | 2.2 | 5.8 | 7.8 | 5.9 | 2.0 | 7.2 | 9.8 | 6.9 |
| 社会保障負担 | 6.9 | 13.0 | 14.2 | 7.6 | 6.4 | 14.1 | 11.4 | 9.1 |
| 合　計 | 27.4 | 34.8 | 52.3 | 33.0 | 24.8 | 36.1 | 45.5 | 33.8 |

(注)　合計にはその他税も含む。
(出所)　OECD (2012c)。

　第1に，ドイツの負担水準はOECD諸国の中では中位水準にある。ドイツの租税・社会保障負担合計のGDP比は35～36％水準で，OECD平均の32～34％水準をわずかに上回る程度である。「小さな政府」たるアメリカの25～27％水準よりは高いが，「大きな政府」「大きな福祉国家」たるスウェーデンの45～52％水準と比べると小さく，いわば「中位の福祉国家」ゆえの中位水準の負担といえよう。

　第2に，全体の負担水準は中位規模だが，社会保障負担のGDP比は13～14％もあり，OECD平均の8～9％を相当に上回っている。1990年時点でもスウェーデンと同水準であったが，2010年時点ではスウェーデンを3％ポイントも上回っている。これはドイツが，伝統的に社会保険システムを中心にした福祉国家であることを反映しているが，同時に社会保険料負担の過重さが問題となりうることを示している。

　第3に，個人所得税および消費課税の負担水準については，ドイツは両年と

も9～10％程度であり，OECD平均の負担水準（10％前後）にほぼ等しい。個人所得税と消費課税は先進諸国の主要税収になっているが，ドイツの負担水準はほぼ平均的ということができる。消費課税の中の一般消費税についてもドイツの水準はアメリカよりも4～5％ポイント高いが，スウェーデンより2％ポイント低く，OECD平均水準にある。

第4に，法人所得税および資産課税については，ドイツの水準は相対的に低い。両税とも税収規模（GDP比）はそれほど大きくないとはいえ，ドイツの負担水準はOECD平均の4～6割の水準にとどまっている。

さて，ドイツの租税構造について国際比較からみた以上4つの特徴は，1990年代から2000年代にかけても基本的には変化はしていない。しかしながら，経済グローバル化に伴う2000年前後の一連の税制改革によって，ドイツでの課税の重点が「所得」から「消費」にシフトしつつあることも事実である。その状況をいくつかみてみよう[5]。

第1に，所得・利潤課税の税率は低下している。所得税の最高税率は，「税制改革2000」プログラムによって1998年の53％から2005年には42％に低下している。法人税率は2001年改革によって40％から25％へ，さらに「2008年企業税制改革」によって15％へと引き下げられ，地方税も含めた企業実効税率も2008年には30％弱というほぼ国際水準にまで低下した。

第2に，反対に消費関連の税率は上昇している。ドイツの一般消費税（付加価値税）たる売上税の標準税率は1993年の15％，1998年の16％から2007年には19％に引き上げられた。また環境税制改革（1998～2003年）によってガソリン税，電力税などエネルギー関連税の増税がなされたが，これは家計にとっては消費課税の増税と同様の負担効果をもたらすことになる。

第3に，社会保険料率は1998年の42％から2008年には40％へと若干ながら低下している。これに関しては，環境税制改革による増収を公的年金保険料率の引下げに活用したこと，売上税率引上げ（2007年）による増収分を失業保険料

---

[5] 以下についての詳しい内容は，本書，各章を参照のこと。

率の引下げに活用した，という要因が大きい。

このような税制改革の結果として，ドイツの租税・社会保障負担の構造においても「所得」ベースから「消費」ベースへのシフトが生じている。先の表序－1によれば，個人所得税と法人所得税を合計した所得・利潤課税の規模は，1990年の11.3％から2010年には10.3％へと1.0％ポイント低下している。反対に，消費課税の規模は9.0％から10.3％へと1.3％ポイント上昇している。同期間でのOECD平均の変化が，所得・利潤課税の0.7％ポイント低下，消費課税の0.5％ポイント上昇であることと比べても，課税におけるドイツでの「所得」ベースから「消費」ベースへのシフトは目立つものといえよう。つまり現代ドイツにおいても租税の「公平」をめぐる課題は，大きくなっているのである。

## 3　本書の課題と構成

本書は，上記のような国際的特徴と経済グローバル化に対応した変貌をみたドイツ税制について，1990年代後半から2000年代にかけての同国での所得税改革，法人税改革，売上税改革，環境税制改革のそれぞれについて，その具体的内容，効果，改革をめぐる議論の検討をしようとするものである。また検討にあたっては，特に次の3つの視点に留意する。

第1に，税制改革における「公平」の観点，ないしは税制改革における所得分配への影響について注目する。2000年前後におけるドイツ税制改革は，基本的には経済効率性を重視しており，租税原則における「中立」「簡素」の観点が強調されていた。これは結果的には租税による所得再分配機能を低下させることになるが，本書ではその実態について詳しく検証することによって，「公平」の視点からみてのドイツ税制改革の問題点について検討したい。

第2に，ドイツ税制改革の議論において，実現してはいないものの，注目されていた改革構想にも着目する。その1つは，税制における「中立」「簡素」の一層の徹底を求める新自由主義的な税制改革構想である。これらのある意味

では原理主義的な改革構想は，実際の税制改革としては実現しなかったものの，所得税，売上税，企業課税の改革論争において相当な影響力も発揮していた。そこでこれらの新自由主義的な税制改革論が，果たしていかなる論理構成で税制改革を論じていたのか，そしてそれは租税の「公平」や所得分配へいかなる影響を与えうるものであったのかを，批判的に検討したい。いま1つは，近年の所得・資産格差の拡大の中で再注目されている富裕者課税の構想であり，それによる格差是正機能にも注目していく。

第3に，現代ドイツ税制を形成してきた歴史的経緯や特色についても配慮して検討することである。例えば，ドイツの企業税制は歴史的には国税（連邦税・州税）の法人税よりも地方税たる営業税が主体であり，営業税問題を無視した企業税制改革は効果的ではない。また格差社会に対応した富裕税（純資産税）の構想も，第1次大戦以降のドイツでの純資産税の歴史的経緯をふまえた位置づけが必要になるからである。

本書では上記のような課題設定をふまえて，以下のような構成で現代のドイツ税制改革を考察していく。

第1章「所得税改革と所得再分配」では，「税制改革2000」プログラムに基づいた1998〜2005年の所得税改革の内容と問題点を，特に所得税による所得再分配効果の変化から検討する。従来のドイツ所得税での所得再分配機能は比較的大きかったが，この所得税改革が所得再分配効果を相当に縮小し，とりわけ超高所得層へ大きな恩恵をもたらすものであったことを明らかにする。

第2章「所得税のフラットタックス構想」では，2005年前後のドイツでの所得税改革議論において焦点の1つになっていたフラットタックス構想を，新自由主義経済学に基づくキルヒホーフ案を中心に検討する。フラットタックスがいかなる論理で正当化され，現実の所得分配にいかなる影響を与えるものであったか，そして何故に実現可能性が低かったのかを考える。

第3章「売上税（付加価値税）の現状と改革案」では，まず現代ドイツの一般消費税である売上税での逆進的負担の実態と軽減税率による負担軽減・逆進性緩和の効果を確認する。その上で，課税の「中立性」をもっぱら重視した軽

減税率廃止案（Peffekoven 構想）の論理とその問題点を検討する。また，軽減税率廃止と低所得者対策に関する具体的対案についても紹介する。

　第4章「2008年企業税制改革」では，まず従来のドイツ企業税制について，一方で企業実効税率が国際的にも最高水準であり企業競争上のネックと認識されてきたこと，他方では実効税率が高い割には企業利潤課税の税収規模が国際的には低水準という問題があったことを明らかにする。その上で，2008年から実施された企業税制改革は，法人税での課税ベース拡大と税率の引下げ，地方税たる営業税との関係整理を実現し，経済グローバル化の中でのドイツの企業経営促進と税収確保をねらう税制改革であったことを明らかにする。

　第5章「企業税制と営業税問題」では，2008年企業税制改革が営業税改革を取り込むことによって，経済グローバル化の中でのドイツの地方企業課税改革であったことを明らかにする。営業税改革をめぐっては，自治体サイドと経済界サイドは従来から対立構造にあり，営業税改革が進まない状況であった。その中で2008年改革は，自治体サイドからみれば営業税率引下げと課税ベース拡大，連邦・州への営業税納付率の引下げによって地方自治財源としての特性を強めていること，また経済界サイドからみても企業実効税率の低下に寄与するがゆえに，双方に受入れ可能な案であったことを明らかにする。

　第6章「富裕税（純資産課税）の動向と再導入論」では，近年ドイツの格差社会の進行，財政赤字累積問題の中で主張されている富裕者課税（純資産課税）について検討する。まず，1996年までドイツに存在していた富裕税たる財産税の財政的意義を確認した上で，近年注目されている経常的な純資産税構想や一回限りの純資産課徴金構想の具体的内容とその資産再分配効果について検討する。

　第7章「環境税制改革」では，1998〜2003年に実施された環境税制改革がエネルギー関連税の増税による環境改善効果と，その増収財源を利用した年金保険料率引下げによる雇用改善効果という「二重の配当」をねらった改革であることをまず紹介する。その上で，エネルギー関連税の増税負担と年金保険料軽減による純負担の実態を産業別，家計種類別にみてその問題点を指摘する。ま

序　論

た環境税制改革によるドイツの租税負担構造への影響や社会保険料率引下げ効果についても検証する。

# 第1章
# 所得税改革と所得再分配
―税制改革2000の検討を中心に―

## はじめに

　1990年代以降の東欧諸国の市場経済化と経済グローバル化の進行の中で，EU諸国においては所得税の簡素化や最高税率の引下げなどの所得税改革が進められてきた。最高税率の引下げは，所得税の重要な機能である所得再分配効果を弱めることになるが，自国企業の国際競争力の強化や経済成長・雇用確保を理由に推進されてきたのである。ドイツにおいても「戦後ドイツの歴史の中で最大の減税プログラム」として税制改革2000が策定され，1998年から2005年にかけて大幅な所得税減税が実施された。そこで本章では，この税制改革2000によってドイツ所得税の所得再分配効果がどのような影響と変化を受けたかを検討したい。所得税減税や法人税減税による成長や雇用という経済効果についてはここでは立ち入らない。本章の構成は以下のとおりである。第1節では，税制改革以前のドイツの所得税と所得再分配効果をEU諸国と比較して明らかにする。第2節では，税制改革2000（赤緑連立政権の税制改革）と所得税減税のねらいと内容について簡単に説明する。第3節では，税制改革2000による所得税減税の所得再分配効果の実態を，近年の実証研究を参考にしながら検討する。第4節では，ドイツの所得税減税がスーパーリッチといわれる超高所得層にとりわけ大きな恩恵を与えるものであったことを明らかにする。そして最後に，税制改革2000後に導入された2007年「金持ち税」による効果をみておこう。

## 1　ドイツの所得税と所得再分配

　ドイツに限らず現代の資本主義国家ないし福祉国家においては，所得税と社会保険料（社会保障負担）の両者は家計への直接税的負担として大きな位置を占め，政府の主要な収入確保手段にもなっている。ただ，所得税の場合は累進税率や課税最低限（基礎控除）の設定によって所得再分配機能を発揮できるのに対して，社会保険料は一般に給与所得への比例負担で，かつ負担上限の設定のため所得再分配機能はあまりない，という違いがある。そこでまず，ドイツの所得税と社会保険料の状況を政府収入と家計負担の水準から確認しておこう。
　表1-1は2000年時点でのEU主要8カ国の租税・社会保障負担のGDP比をみたものである。ドイツの負担規模は35.6％であり，50％近い北欧諸国に比べると小さく，8カ国の中では最低水準である。ただ個人所得税は9.4％であり，北欧諸国を除けば中位水準にある。また被用者・社会保障負担は6.4％であり，オランダに次いで高い水準にある。そして個人所得税と被用者・社会保障負担を合計した家計直接税負担の規模でみるとドイツは15.8％であり，北欧

表1-1　EU 8カ国の租税・社会保障負担（GDP比・2000年）　　（％）

|  | 個人所得税 | 一般消費税 | 被用者社会保障負担 | 雇用主社会保障負担 | 租税・社会保障負担合計 | 家計直接税負担 GDP比 | 家計直接税負担 負担全体でのシェア |
|---|---|---|---|---|---|---|---|
| デンマーク | 25.5 | 10.2 | 1.8 | 0.0 | 49.1 | 27.3 | 55.6 |
| フィンランド | 14.5 | 8.6 | 2.2 | 8.9 | 43.5 | 16.7 | 38.3 |
| スウェーデン | 17.2 | 9.2 | 2.8 | 9.7 | 49.1 | 20.0 | 40.7 |
| フランス | 8.0 | 7.5 | 4.0 | 11.1 | 44.2 | 12.0 | 27.1 |
| ドイツ | 9.4 | 6.3 | 6.4 | 6.5 | 35.6 | 15.8 | 44.3 |
| オランダ | 6.0 | 7.3 | 7.7 | 4.6 | 39.3 | 13.7 | 34.8 |
| イタリア | 10.5 | 6.3 | 2.3 | 8.7 | 42.1 | 12.8 | 30.4 |
| イギリス | 10.9 | 6.7 | 2.5 | 3.8 | 37.1 | 13.4 | 36.1 |

（注）　主要な租税のみを計上。家計直接税負担とは，個人所得税と被用者社会保障負担の合計。
（出所）　OECD（2008c）．

諸国に次ぐ高さになっている。さらに租税・社会保障負担全体に占める家計直接税負担の比重では，ドイツは44.3％でありデンマークに次ぐ高い値を示している。つまり，ドイツはEU諸国の中でも政府収入確保において個人所得税と被用者・社会保障負担という家計直接税負担の比重が比較的大きいという特徴があるのである。

次に，家計の負担水準についてはどうであろうか。ここではEUROMODによるEU各国のサンプル世帯個票データを用いたVerbist（2004）を参考にしておこう。表1－2は1998年時点でのEU 8カ国における世帯粗所得に対する所得税と社会保険料の負担水準を比較したものである。ここでの粗所得とは，稼得所得などの市場所得に公的年金などの政府移転所得を加算したものである。

表1－2　世帯粗所得に対する租税・社会保険料の負担率（1998年）（％）

|  | 所　得　税 | 社会保険料 | 合　計 |
|---|---|---|---|
| デンマーク | 30.36 | 8.44 | 38.81 |
| フィンランド | 23.68 | 6.04 | 29.72 |
| スウェーデン | 26.73 | 4.30 | 31.03 |
| フランス | 5.99 | 14.72 | 20.71 |
| ドイツ | 15.33 | 12.94 | 28.27 |
| オランダ | 11.31 | 17.46 | 28.77 |
| イタリア | 17.66 | 6.60 | 24.26 |
| イギリス | 15.56 | 4.52 | 20.09 |

（注）　世帯データはEUROMODによるEU各国個票データによる。
（出所）　Verbist（2004），p.18.

ドイツの世帯負担水準をみると所得税は15.33％で，北欧諸国の23～30％水準に比べると低いものの中位水準といってもよい。一方，社会保険料ではドイツは12.94％もあり，フランス，オランダに次ぐ高さにある。そして，所得税と社会保険料の合計負担率でみるとドイツは28.27％もあり，デンマークの38％水準には及ばないものの，28～31％を示すフィンランド，スウェーデン，オランダと並び，比較的高い水準にあることがわかる。いずれにせよドイツの世帯家計は，その粗所得のうち平均的には15％の所得税と13％の社会保険料を負担しているのである。

それではこのような所得税と社会保険料の負担を通じて，どの程度の所得再分配効果が発揮されているのであろうか。表1－3は1998年時点でのEU 8カ国の世帯所得（等価所得）のジニ係数を比較したものである。ドイツのジニ係数は，課税前所得の段階では0.3331でその平等性は8カ国中6位という低さであるが，課税後所得では0.2760となり平等性は8カ国中5位へとやや改善している。そしてジニ係数の改善率でみるとドイツは17.2%で8カ国中3位であり，所得税・社会保険料負担による所得再分配効果が比較的高いことがわかる。なお，フランスは課税前所得では5位でドイツよりも平等性が高いが，課税後所得ではドイツと入れ替わって6位に後退している。これはフランスのジニ係数改善率が10.2%（7位）とかなり低いことによる。

表1－3　所得税・社会保険料負担前後の各国世帯所得のジニ係数（1998年）

|  | 課税前所得 | 課税後所得 | ジニ係数改善率(%) |
|---|---|---|---|
| デンマーク | 0.3010　④ | 0.2411　② | 19.9　① |
| フィンランド | 0.2893　① | 0.2329　① | 19.5　② |
| スウェーデン | 0.2984　③ | 0.2662　④ | 10.8　⑥ |
| フランス | 0.3170　⑤ | 0.2847　⑥ | 10.2　⑦ |
| ドイツ | 0.3331　⑥ | 0.2760　⑤ | 17.2　③ |
| オランダ | 0.2955　② | 0.2496　③ | 15.5　④ |
| イタリア | 0.3779　⑧ | 0.3411　⑧ | 9.8　⑧ |
| イギリス | 0.3590　⑦ | 0.3133　⑦ | 12.7　⑤ |

（注）　丸数字は各国順位。
（出所）　Verbist (2004), p.17.

　さらに表1－4はEU 8カ国の上記の所得税・社会保険料負担の累進性をカクワニ指数で比較したものである。カクワニ指数（＋1.0～－1.0）では負担が最も累進的ならば＋1.0，最も逆進的ならば－1.0となる。さて，ドイツのカクワニ指数は全体で0.1684であり，イギリスに次いで8カ国中2位の累進性を示している。そのうち所得税のみのカクワニ指数は0.1541であり，累進性全体の91.5%が所得税によるものとなっている。逆に，社会保険料のみのカクワニ指数は0.0143で累進性全体の8.5%を占めるにすぎない。つまり，1998年時点においてドイツの所得税・社会保険料による所得再分配効果はEU諸国の中では

比較的高い水準にあったが，その圧倒的部分は所得税によるものであったことが確認できよう。それでは，このように比較的強い所得再分配機能をもつドイツの所得税は，税制改革2000によってその姿と機能をどのように変貌させたのであろうか。以下，所得税改革，特に所得税減税による所得再分配機能への影響を中心に検討を進めていこう。

表1-4 EU 8カ国の所得税・社会保険料の累進性（カクワニ指数）（1998年）

|  | 全体 | 所得税 | 社会保険料 |
|---|---|---|---|
| デンマーク | 0.0985 | 0.1402 | 0.0186 |
| フィンランド | 0.1411 | 0.1208 | 0.0204 |
| スウェーデン | 0.0891 | 0.0838 | 0.0054 |
| フランス | 0.1320 | 0.0813 | 0.0507 |
| ドイツ | 0.1684 | 0.1541 | 0.0143 |
| オランダ | 0.1198 | 0.1285 | −0.0086 |
| イタリア | 0.1219 | 0.1098 | 0.0121 |
| イギリス | 0.1884 | 0.1603 | 0.0281 |

（出所）Verbist（2004），p.21.

## 2 税制改革2000と所得税減税

1998年に成立した社会民主党と緑の党の連立政権（赤緑連立 die rot-grüne Koalition）は，経済財政政策の優先課題として当初から所得税，法人税，環境税制を中心にした税制改革に取り組んだ。そのねらいは，「より少ない租税，より多くの投資，国際競争力の改善，新しい雇用場所，個人消費の強化」という連邦財務省スローガンが明示するように，基本的には経済成長や雇用対策を主眼に置いたものである。具体的には，①所得税については，2005年までに最高税率および最低税率を段階的に引き下げ，同時に基礎控除額も引き上げて大幅な所得税減税を行い，2005年には家計負担減は291億ユーロとする。なお，家計所得に関しては同時に家族支援政策（Familienförderung）の変更によって，子供手当（第1子，第2子）を月額113ユーロ（1998年）から154ユーロ（2002年）へ，子供扶養控除額も3,534ユーロ（1998年）から5,808ユーロ（2002年）へ引き

上げ、所得税減税と合わせて家計の可処分所得増加を図る。②法人税については、2001年より法人税率を40％から25％に引き下げるが、他方では課税ベース拡大も行う。想定では企業は、法人税率引下げで年間360億ユーロの負担減となるが、課税ベース拡大による新規課税分も含めた純負担減は140億ユーロになる。③環境税制については、1998年から2003年にかけてガソリン税、軽油税、電力税などエネルギー関連間接税を段階的に引き上げ、2003年には全体で164億ユーロの増収を予定する。この増収分は年金財政への政府支援金引上げに充当され、それに伴い社会保険料率を2003年より1.8％引き下げて、労働要素への負担軽減や雇用創出の効果を期待できる、というものであった[1]。

さて、赤緑連立政権の租税政策、特に所得税改革と法人税改革の主要部分は、1999年減税法（1999年3月成立）と1999／2000／2002年減税法（1999年3月成立）を経て、2000年7月の連邦議会で成立した税制改革2000（Steuerreform 2000）によって実施されており、以下では税制改革2000にいたる一連の税制改革による所得税減税について簡単に説明しよう[2]。表1－5は1998年から2005年にいたる所得税率表の変化を示している。主要な変化は次のとおりである。①基礎控除額を1998年の6,322ユーロから毎年徐々に引き上げ、2005年には7,664ユーロとする。②最低税率を1998年の25.9％から毎年徐々に引き下げ、2005年には15％とする。③最高税率を1998年の53％から徐々に引き下げ、2005年には42％とする。④最高税率適用開始所得を1998年の61,377ユーロから徐々に引き下げ、2005年には52,152ユーロとする。そして図1－1は所得水準に応じた限界税率と平均税率の推移を2000年所得税制と2005年所得税制について表示したもので

---

1) Truger (2004a), S.167-176. なお赤緑連立政権の租税政策全般についてはTruger Hg. (2001a), Schratzenstaller (2002) を参照されたい。そのうち、所得税改革についてはSeidel (2001), 法人税改革についてはBach (2001), 環境税制についてはTruger (2001b) が詳しい。なおドイツの所得税は連邦・州・市町村の共同税であり、税収配分は連邦42.5％、州42.5％、市町村15％である。また所得税には連帯付加税（連邦税）として税額の5.5％が上乗せ徴収されている。
2) 税制改革2000に関する我が国での先行研究としては、半谷 (2000) (2001), 中村 (2001) がある。

第1章　所得税改革と所得再分配

表1-5　ドイツ所得税制の推移

|  | 基礎控除額<br>(ユーロ) | 最低税率<br>(％) | 最高税率<br>(％) | 最高税率適用所得<br>(ユーロ) |
| --- | --- | --- | --- | --- |
| 1998年 | 6,322 | 25.9 | 53 | 61,377 |
| 1999年 | 6,681 | 23.9 | 53 | 61,377 |
| 2000年 | 6,902 | 22.9 | 51 | 58,643 |
| 2001年 | 7,206 | 19.9 | 48.5 | 54,999 |
| 2003年 | 7,426 | 17 | 47 | 52,293 |
| 2005年 | 7,644 | 15 | 42 | 52,152 |

（出所）　Schratzenstaller（2002），S.49.

ある。ドイツの所得税率は限界税率がブラケットによって段階的に上昇する一般的なしくみではなく，限界税率が連続的にリニアに上昇するしくみになっている。図1-1を一見すると，最高税率や同・適用開始所得引下げによって，高所得層ほど負担軽減の恩恵を受けそうに見えるが，実際にはどうであろうか。

　ドイツ連邦財務省は，2004年12月に発表した税制改革2000の最終段階を説明する文書では次のようにのべている。「税制改革2000によって戦後ドイツの歴史の中で最大の減税プログラムが効果的に遂行されてきた。納税者は1999年以降実施されてきた税制上の諸方策によって……略……2004年まで毎年510億ユーロ以上を持続的に負担軽減されている。税制改革2000だけでも約320億ユーロの負担軽減になっている。家族，被用者，中小企業がこの改革による主要な受益者である。」「この減税によって企業と消費者は明白により多くの資金を手にする。これは個人消費を強め，企業投資財源調達を容易にして，より大きな成長と雇用のための基本条件となる。それに加えて労働市場の観点では，目的に即した雇用創造的な中小企業の負担軽減も実施してきた。」「低中所得の被用者や家族，並びに中小企業への負担軽減の集中は，傾向的に特に最高所得層に便益を与える多数の例外規定の廃止と同様に，租税の公正さに資することになる[3]。」，と。

---

3）　BMF（2004），S.45.

図1−1　ドイツの所得税率

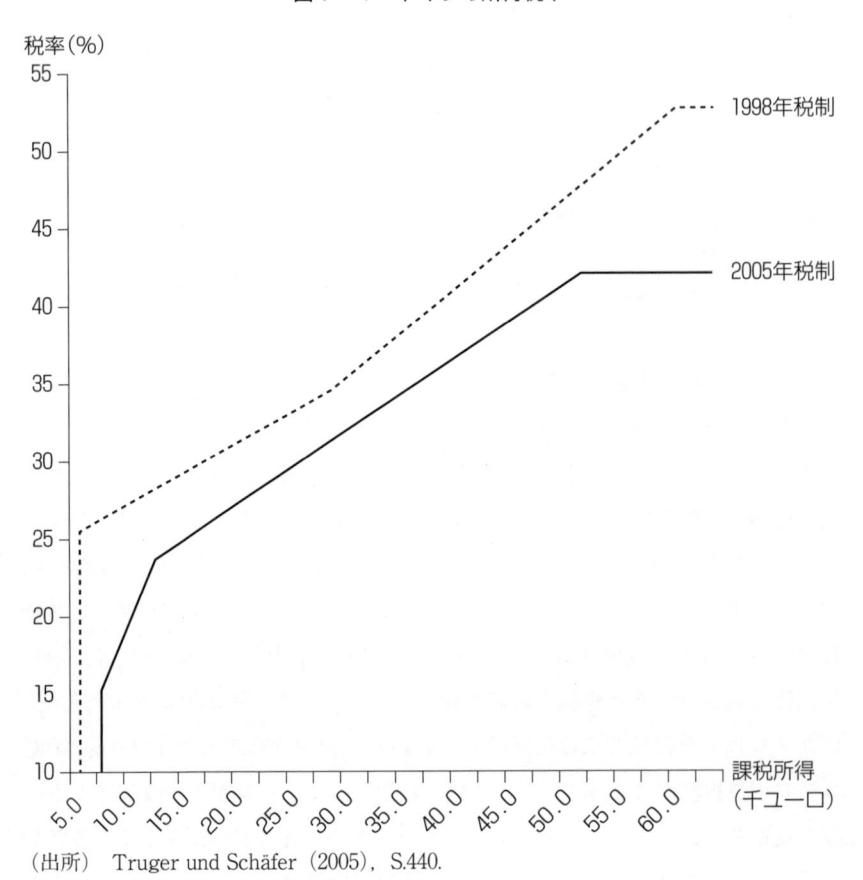

(出所)　Truger und Schäfer (2005), S.440.

　そして連邦財務省は表1−6，表1−7のように，独身世帯および夫婦・子供2人世帯（片稼ぎ）での1998年から2005年への所得税負担額の変化を所得階層別に示している。独身世帯（表1−6）では，年間所得1万ユーロから3万ユーロの低所得層の負担軽減率が比較的高くなっているが，これは最低税率引下げと基礎控除額引上げの結果といえよう。ただ負担軽減率では年間所得4万〜7万ユーロの中間所得層よりも，9万〜10万ユーロの高所得層の方がいくぶ

18

ん高くなっている。一方，夫婦・子供2人世帯（表1－7）では，負担軽減率は所得水準の上昇とともに低下する累進的効果を示し，特に年間所得5万ユーロ以下の低中所得層の負担軽減率が高くなっている。さらに財務省は表1－8のように，課税後の可処分所得を1998年と2005年で比較し，その所得階層別増加率を示している。なお，ここでの可処分所得とは，子供手当を含めた世帯粗所得から所得税および社会保険料を控除したものである。全体としては，特に夫婦世帯（子供0～2人）では，年間所得5万ユーロ以下の低中所得層において可処分所得増加率が高くなっている。

　このように連邦財務省の説明では，税制改革2000による所得税減税の効果は低中所得層に比較的有利に働くような印象をもたらす。しかしながら所得税改革・減税による所得再分配効果を正確に判断するにあたっては，連邦財務省の説明は①モデル世帯への単純な税率適用による試算にすぎないこと，②年間所得10万ユーロ以上の高所得層の減税効果が示されていないこと，③低中所得層に有利になる子供手当の増収分も計算に含めていること，など不十分な点がある。そこで次節では，税制改革2000による所得税減税の効果を所得階層別により詳細に検証した研究に注目してみたい。

表1－6　独身世帯の所得税負担の変化　（ユーロ）

| 粗所得 | 1998年 | 2005年 | 軽減額 | 軽減率(%) |
|---|---|---|---|---|
| 10,000 | 165 | 0 | 165 | 100.0 |
| 20,000 | 3,117 | 2,176 | 941 | 30.1 |
| 30,000 | 6,436 | 5,127 | 1,309 | 20.3 |
| 40,000 | 10,191 | 8,512 | 1,679 | 16.4 |
| 50,000 | 14,561 | 12,359 | 2,202 | 15.1 |
| 60,000 | 19,572 | 16,630 | 2,942 | 15.0 |
| 70,000 | 25,099 | 21,040 | 4,059 | 16.2 |
| 80,000 | 30,688 | 25,471 | 5,217 | 17.0 |
| 90,000 | 36,277 | 29,902 | 6,535 | 18.0 |
| 100,000 | 41,865 | 34,333 | 7,532 | 18.0 |

（出所）　BMF（2004），S.55.

表1-7　夫婦子供2人世帯（片稼ぎ）の所得税負担の変化　（ユーロ）

| 粗所得 | 1998年 | 2005年 | 軽減額 | 軽減率(%) |
|---|---|---|---|---|
| 10,000 | 0 | 0 | 0 | − |
| 20,000 | 590 | 0 | 590 | 100.0 |
| 30,000 | 3,030 | 1,634 | 1,396 | 46.1 |
| 40,000 | 6,433 | 4,364 | 2,069 | 32.1 |
| 50,000 | 9,669 | 7,311 | 2,358 | 24.3 |
| 60,000 | 13,094 | 10,362 | 2,732 | 20.9 |
| 70,000 | 16,719 | 13,690 | 3,029 | 18.1 |
| 80,000 | 20,639 | 17,273 | 3,366 | 16.3 |
| 90,000 | 24,873 | 21,079 | 3,774 | 15.2 |
| 100,000 | 29,419 | 25,165 | 4,254 | 14.4 |

（出所）　BMF（2004），S.59.

表1-8　世帯構成別・所得階層別の可処分所得増加率（1998年→2005年）（％）

| 粗所得（ユーロ） | 独身 | 片親・子1人 | 夫婦・子0人 | 夫婦・子1人 | 夫婦・子2人 |
|---|---|---|---|---|---|
| 10,000 | 2.5 | 5.7 | 0.3 | 5.7 | 9.6 |
| 20,000 | 7.8 | 6.5 | 4.2 | 6.9 | 9.1 |
| 30,000 | 8.0 | 6.8 | 8.0 | 9.1 | 10.6 |
| 40,000 | 7.8 | 6.4 | 7.7 | 9.3 | 11.0 |
| 50,000 | 8.0 | 6.4 | 7.1 | 8.4 | 9.6 |
| 60,000 | 5.6 | 3.9 | 3.9 | 5.1 | 6.3 |
| 70,000 | 7.2 | 5.3 | 3.3 | 4.4 | 5.4 |
| 80,000 | 9.3 | 7.5 | 3.5 | 4.5 | 5.4 |
| 90,000 | 11.0 | 9.2 | 3.9 | 4.8 | 5.6 |
| 100,000 | 12.4 | 10.7 | 4.3 | 5.1 | 5.8 |

（注）　ここでの可処分所得は，子供手当を含めた粗所得から所得税・社会保険料を控除したもの。世帯はすべて片稼ぎ。
（出所）　BMF（2004），S.55-59より作成。

## 3 所得税による所得再分配効果の変化

　まずCorneo（2005）は表1－9に示すように基本税率表に基づき年間所得10万ユーロ超から100万ユーロまでの高所得層も含めた所得階層別所得税負担率（平均税率）を1998年と2005年で比較し，所得税改革による課税後所得（純所得）の増加率も推計している。連邦財務省資料が所得税減税の効果推計を年間所得1万ユーロから10万ユーロまでのいわば中堅所得層に限定しているのに対して，10万ユーロ以上の高所得層への効果にも注目しているのである。同表によれば，①すべての所得階層において平均税率が低下し純所得が増加すること，②年間所得1万ユーロから4万ユーロまでは所得水準の上昇とともに純所得増加率は低下傾向にあること，③他方で，年間所得5万ユーロ以降は所得水準の上昇とともに純所得増加率も急速に上昇し，年間所得10万ユーロでは12.3％，同100万ユーロでは22.1％と極めて高くなること，がわかる。つまり，「4万ユーロの所得水準までは所得税減税は累進的で，ほんのわずかであるが再分配効果もある。しかし，所得4万ユーロ以上では所得税減税は逆進的であり，純所得は粗所得と著しく反比例して増加している[4]」，のである。このような事実をもとにCorneoは次のようにのべて，連邦政府を批判する。「メディアにおいては，この改革が社会的に均衡のとれたものだともっぱら報道されているが，すでにみたように百万長者は平均所得者のおよそ4倍もの利益を得ているのである。このように歪められた世論の認識については，おそらく連邦政府にその責任の一端がある。連邦政府はその改革の分配効果を常に，選択された所得水準での租税節減パーセントを明らかにする負担軽減事例で表現してきた。提示された事例は概して，租税節減パーセントは所得水準によってあまり違いはないというものである。このことは，この税制改革が所得分配には中立的であるということを，世論に繰り返し暗示してきたのである。この推論が誤りである

---

　4）　Corneo（2005a），S.303－304.

ことは，上記の試算からも明白であるだけではない。それは，次のような財政学の一節からも支持されうるものである。つまり，ある累進税率を出発点としてすべての租税債務を一律のパーセントで削減すれば，新たな税率は以前の税率よりも累進的でなくなる，すなわち純所得の不平等は増加するのである[5]」，と。

表1－9　所得階層別の所得税負担率（平均税率）と課税後所得の変化　（％）

| 粗所得<br>（千ユーロ） | 所得税負担率<br>1998年 | 2005年 | 変　化 | 課税後所得<br>の増加率 |
|---|---|---|---|---|
| 10 | 9.8 | 4.0 | －5.8 | 6.38 |
| 20 | 19.4 | 14.3 | －5.1 | 6.31 |
| 30 | 23.8 | 19.4 | －4.4 | 5.77 |
| 40 | 27.2 | 23.1 | －4.1 | 5.60 |
| 50 | 30.4 | 26.2 | －4.2 | 6.05 |
| 60 | 33.6 | 28.8 | －4.8 | 7.15 |
| 80 | 38.4 | 32.1 | －6.3 | 10.19 |
| 100 | 41.3 | 34.1 | －7.2 | 12.28 |
| 300 | 49.1 | 39.4 | －9.7 | 19.06 |
| 500 | 50.7 | 40.4 | －10.3 | 20.82 |
| 800 | 51.5 | 41.0 | －10.5 | 21.75 |
| 1,000 | 51.8 | 41.2 | －10.6 | 22.07 |

（出所）　Corneo（2005a），S.304.

　次に，所得税改革の所得再分配効果について世帯個票データに基づくマイクロシミュレーションを実施した研究に着目したい。まず，Haan and Steiner（2004）は「ドイツ社会経済パネル」（SOEP：German Socio Economic Panel, Das Sozio-ökonomische Panel）の2002年の世帯個票データ（サンプル数：ドイツの全3,800万世帯のうち11,000世帯）に基づき，10分位の世帯所得区分での所得税減税の効果を検証している。表1－10は2000年と2005年での所得分位ごとの所得税収つまり所得税負担配分額を比較したものである。ここからは次のことが

---

5) Corneo（2005a），S.305. なおCorneoは同じ内容を扱った別の論文では政府のこうした事実を歪める情報開示方法について，「ここには政治マーケティングの巧みな戦略があることを指摘できる」とものべている（Corneo, 2003, S.4.）。

指摘できる。第1に，世帯全体の所得税負担総額は2000年の2,136億ユーロから2005年の1,780億ユーロへと356億ユーロ減少，つまり減税されることになる。第2に，両年とも第10分位の負担シェアが39％，第9分位の負担シェアが20％であり，所得上位2割の世帯が所得税の6割を負担しており，逆に第5分位以下の所得下位5割の世帯の所得税負担シェアは5％前後にすぎない。第3に，2000年と2005年の所得分位ごとの所得税負担シェアを比較すると，第8分位以上の高所得層の負担シェアが若干増えている。第4に，しかしより注目すべきは，所得税減税総額356億ユーロの大半は高所得層に配分されていることである。つまり，減税額配分のシェアは第10分位35％，第9分位17％，第8分位15％，第7分位12％であり，所得上位4割の世帯に減税恩恵の8割が集中していることである。これには所得税の最高税率が51％（2000年）から42％（2005年）へと引き下げられ，最高税率適用開始所得が5.8万ユーロ（2000年）から5.2万ユーロ（2005年）に引き下げられたことが大きく反映していると考えられよう。

さらに表1-11は，所得分位ごとの所得税負担後の純所得水準を2000年と2005年で比較したものである。所得税負担のない第3分位以下を別にしても，所得上位層ほど純所得の増加額および増加率が高くなっている。特に第10分位

表1-10 所得分位別の所得税収（負担配分）の変化（推計）

|  | 所得税収（百万ユーロ) ||| 所得税収シェア（％） |||
| --- | --- | --- | --- | --- | --- | --- |
|  | 2000年 | 2005年 | 減少額 | 2000年 | 2005年 | 減少額シェア |
| 第1分位 | 0 | 0 | 0 | — | — | — |
| 第2分位 | 0 | 0 | 0 | — | — | — |
| 第3分位 | 0 | 0 | 0 | — | — | — |
| 第4分位 | 1,690 | 1,050 | 640 | 0.8 | 0.6 | 1.8 |
| 第5分位 | 9,670 | 7,060 | 2,610 | 4.5 | 3.9 | 7.3 |
| 第6分位 | 16,600 | 12,900 | 3,700 | 7.8 | 7.3 | 10.4 |
| 第7分位 | 25,000 | 20,500 | 4,500 | 11.7 | 11.5 | 12.6 |
| 第8分位 | 34,200 | 28,800 | 5,400 | 16.0 | 16.2 | 15.1 |
| 第9分位 | 43,000 | 36,700 | 6,300 | 20.1 | 20.6 | 17.7 |
| 第10分位 | 83,500 | 71,000 | 12,500 | 39.1 | 39.9 | 35.1 |
| 全体 | 213,660 | 178,010 | 35,650 | 100.0 | 100.0 | 100.0 |

（出所）　Haan and Steiner（2004），p.20.

世帯では，純所得の増加額6,349ユーロ，増加率8.61％であり，世帯平均の増加額966ユーロの6倍，増加率3.74％の2倍以上という結果になっている。また純所得のジニ係数でみても2000年の0.343から2005年の0.353へと0.01ポイント上昇している。つまり，所得税課税後の所得配分の不平等度が増していることになる[6]。以上のことから，税制改革2000による所得税減税は，高所得層により多くの恩恵が及び，結果的にドイツ所得税の所得再分配効果を後退させていることがわかる。

表1-11　所得分位別にみた純所得　（ユーロ，％）

|  | 2000年 | 2005年 | 増加額 | 増加率 |
| --- | --- | --- | --- | --- |
| 第1分位 | 10,090 | 10,090 | — | — |
| 第2分位 | 13,526 | 13,526 | — | — |
| 第3分位 | 19,479 | 19,479 | — | — |
| 第4分位 | 22,751 | 22,899 | 148 | 0.65 |
| 第5分位 | 22,155 | 22,830 | 675 | 3.05 |
| 第6分位 | 26,630 | 27,639 | 1,009 | 3.79 |
| 第7分位 | 28,712 | 29,940 | 1,228 | 4.28 |
| 第8分位 | 34,298 | 35,888 | 1,590 | 4.64 |
| 第9分位 | 43,124 | 45,360 | 2,237 | 5.19 |
| 第10分位 | 73,779 | 80,128 | 6,349 | 8.61 |
| 中位値 | 25,823 | 26,790 | 966 | 3.74 |
| ジニ係数 | 0.343 | 0.353 | — | — |

（出所）　Haan and Steiner（2004），p.10.

なお，税制改革2000による所得階層別の所得税負担率の変化については表1-12が参考になる。同表は2007年・連邦労働・社会省研究プロジェクトの1つであり，ライン・ヴェストファーレン経済研究所／ケルン大学財政研究所の共同研究報告書『租税負担配分と所得配分の関連』（RWI／FiFo, 2007）の成果の一部である。そこでは所得税標本調査に依拠して，粗所得に対する所得税と社会保険料の負担率が2003年と2005年について所得十分位別に実測されてい

---

6)　Haan and Steiner（2004），pp.8-9.

第1章　所得税改革と所得再分配

表1-12　所得分位別の所得税・社会保険料負担率（対粗所得）　（％）

|  | 所得税 |  | 社会保険料 |  | 合　計 |  |
|---|---|---|---|---|---|---|
|  | 2003年 | 2005年 | 2003年 | 2005年 | 2003年 | 2005年 |
| 第1分位 | 1.0 | 1.0 | 10.8 | 13.6 | 10.9 | 13.7 |
| 第2分位 | 1.2 | 1.2 | 12.2 | 13.1 | 12.5 | 13.4 |
| 第3分位 | 1.8 | 1.9 | 14.1 | 14.1 | 15.3 | 15.4 |
| 第4分位 | 4.7 | 4.5 | 16.1 | 15.8 | 20.5 | 20.0 |
| 第5分位 | 8.2 | 7.3 | 17.0 | 16.5 | 25.0 | 23.1 |
| 第6分位 | 10.7 | 9.7 | 17.5 | 17.2 | 28.1 | 26.7 |
| 第7分位 | 13.1 | 11.9 | 18.1 | 17.7 | 31.0 | 29.6 |
| 第8分位 | 15.3 | 14.1 | 18.0 | 17.8 | 33.2 | 31.8 |
| 第9分位 | 17.9 | 16.7 | 17.2 | 16.9 | 35.0 | 33.5 |
| 第10分位 | 24.5 | 22.6 | 12.2 | 12.0 | 36.5 | 34.5 |

（出所）　RWI／FiFo（2007），S.34.

る。2003年から2005年への所得税負担率の変化をみると，第5分位から第9分位まではそれぞれ約1％ポイントの低下であるが，第10分位だけは24.5％から22.6％へと約2％ポイントも低下している。ここには最高税率の47％（2003年）から42％（2005年）への低下が強く反映していると考えられよう。ここでは分析されていないが，所得税の最高税率が53％であった1998年，1999年の水準と比較すれば，高所得層の負担率低下はさらに顕著なものであったと考えられる。他方で，社会保険料負担率は，少しの累進性はあるが所得税に比べるとかなり限定的であり，第9分位以降は負担率低下してむしろ逆進的になっている。また，所得税をほとんど負担しない第3分位以下の低所得層でも10数％の負担率になっている。結局，所得税と社会保険料負担を合計した負担率の変化（2003年→2005年）では第5分位から第10分位まで1.4～2.0％ポイントの減少になっているが，逆に第1分位，第2分位は増加してしまっている。

また，Becker（2009）は，「ドイツ社会経済パネル」による世帯個票データを利用して世帯等価所得への所得税減税の影響を検証している[7]。まず表1-

---

7) ここでの世帯等価所得とは，2人目以降の世帯構成員について14歳以上は0.5人，14歳未満は0.3人と換算したうえで，世帯所得を世帯人数で除したものである。（Becker, 2009, S.88.）

13は所得各レベルでの世帯等価所得のジニ係数を1999年，2002年，2005年で比較している。各世帯の稼得所得を中心にした市場所得レベル（民間保険給付金を含む）では，ジニ係数は1999年の0.448から2005年の0.497へと0.049ポイント上昇し，財政による所得再分配を考えない当初所得での格差拡大が進行していることがわかる。市場所得に公的年金を加えた拡大市場所得レベルでも同期間にジニ係数は0.342から0.398へと0.056ポイント上昇し，格差は拡大している。そして，拡大市場所得に失業給付金，医療給付金，子供手当など公的現金給付を加えて，所得税および社会保険料を控除した純所得レベルのジニ係数も同期間に0.256から0.306へと0.05ポイント上昇しており，やはり格差は拡大している。そして，より重要なのは財政によるジニ係数改善率つまり所得再分配効果がこの間低下していることである。公的年金・公的現金給付および所得税・社会保険料全体によるジニ係数改善率は1999年の42.9％から2005年の38.4％へと4.5％ポイント減少し，また公的現金給付と所得税・社会保険料負担によるジニ係数改善率も1999年の25.1％から2005年の23.1％へと2.0％ポイント減少している。ここにも税制改革2000による高所得層有利の所得税減税が，その所得再分配効果を減じていることが相当に反映しているといえよう。

表1－13　世帯等価所得のジニ係数

|  | 1999年 | 2002年 | 2005年 | 99→05 |
|---|---|---|---|---|
| 等価市場所得（A） | 0.448 | 0.476 | 0.497 | ＋0.049 |
| 等価拡大市場所得（B） | 0.342 | 0.374 | 0.398 | ＋0.056 |
| 等価純所得（C） | 0.256 | 0.285 | 0.306 | ＋0.050 |
| ジニ係数改善率A→C | 42.9％ | 40.1％ | 38.4％ | －4.5 |
| ジニ係数改善率B→C | 25.1％ | 23.8％ | 23.1％ | －2.0 |

（出所）　Becker（2009），S.90.

また表1-14は，世帯等価純所得の所得10分位別シェアを表1-12と同じく1999年，2002年，2005年で比較したものである。1999年から2005年への変化でみると，所得下位半分の第1分位から第5分位まではそれぞれその所得シェアを0.6~0.8%ポイントという規模で減少させている。他方で，第9分位は14.3%から14.5%へと0.2%ポイント，第10分位は21.4%から24.7%へと3.3%ポイントも増加させている。特に最高所得層たる第10分位のシェア増加は顕著である。また分位間の所得シェア格差をみても，第10分位の第1分位に対する倍率は5.4倍から7.5倍へ，同じく第5分位に対する倍率は2.8倍から3.1倍へと増加している。つまり，税制改革2000による所得税改革を経て，表1-12でみたように所得税・社会保険料負担，特に所得税による所得再分配効果が低下した結果として，世帯等価純所得レベルの所得格差が拡大しているのである。

表1-14 所得分位別にみた等価純所得のシェア(%)

|  | 1999年 | 2002年 | 2005年 |
|---|---|---|---|
| 第1分位 | 4.0 | 3.5 | 3.3 |
| 第2分位 | 5.8 | 5.3 | 5.0 |
| 第3分位 | 6.8 | 6.4 | 6.1 |
| 第4分位 | 7.6 | 7.3 | 7.0 |
| 第5分位 | 8.4 | 8.2 | 8.1 |
| 第6分位 | 9.3 | 9.3 | 9.2 |
| 第7分位 | 10.5 | 10.4 | 10.4 |
| 第8分位 | 12.0 | 12.1 | 11.9 |
| 第9分位 | 14.3 | 14.4 | 14.5 |
| 第10分位 | 21.4 | 23.1 | 24.7 |
| 10分位／1分位　(倍) | 5.4 | 6.6 | 7.5 |
| 10分位／5分位　(倍) | 2.5 | 2.8 | 3.1 |

(出所) Becker (2009), S.99.

## 4　超高所得層(スーパーリッチ)への恩恵

　前節では税制改革2000による所得税減税が,高所得層,特に所得第10分位という最高所得層の減税規模と減税割合が大きく,課税後の所得格差拡大をもたらしていることを確認した。ところで,この点に関連してさらに注目すべきは,この間ドイツでは最高所得層の中でもいわゆるスーパーリッチといわれる超高所得層への所得集中が進行しており,この所得税改革がこれら超高所得層により一層有利に作用してきたことである。

　まず,1990年代から2000年代にかけてのドイツでの所得分配状況の変化を整理しておこう。Bach und Steiner (2007) は,「ドイツ所得税統計」と「ドイツ社会経済パネル」の個票データを基に,ドイツ在住の全成人と市場所得のある子供・青少年全員(2001年,約6,500万人)の市場所得の分配状況を世帯ではなく個人レベルで推計している。表1-15～表1-17はその一部である。表1-15によれば,1992年から2001年にかけて市場所得の全体平均額は20,000ユーロでほぼ変化はないが,その中位値は12,900ユーロから9,800ユーロへと24%減少している。つまり,国民の過半数(所得下位層)の市場所得はこの間減少しているのである。一方,所得最上位10%層の平均所得額は78,000ユーロから83,000へと7.3%増加している。特に所得上位0.1%層は9.1%増,上位0.01%

表1-15　ドイツ高所得層の市場所得の推移　　(千ユーロ)

|  | 1992年 | 2001年 | 92→01　変化率(%) |
|---|---|---|---|
| 全市場所得平均 | 20.0 | 20.0 | −0.1 |
| 全市場所得中位値 | 12.9 | 9.8 | −24.2 |
| 上位10%層平均 | 78 | 83 | +7.3 |
| 上位1%層平均 | 225 | 240 | +6.8 |
| 上位0.1%層平均 | 838 | 914 | +9.1 |
| 上位0.01%層平均 | 3,252 | 3,811 | +17.2 |
| 上位0.001%層平均 | 11,083 | 14,981 | +35.2 |
| 上位0.0001%層平均 | 31,438 | 48,152 | +53.2 |

(出所)　Bach und Steiner (2007), S.196.

層は17.2％増,上位0.001％層は35.2％増,上位0.0001％層は53.2％増であり,超高所得層ほど1990年代での市場所得増加率が高くなっている。ちなみに,平均所得額の水準をみると2001年では所得上位0.01％層(6,500人)は381万ユーロ,所得上位0.001％層(650人)は1,498万ユーロ,所得上位0.0001％(65人)は4,815万ユーロということになる。

そして表1-16は,市場所得の所得分位別シェアと所得格差の度合いを1992年と2001年で比較したものである。ここからは次のことが指摘できる。第1に,国民の7割を占める中下層所得分位(第1～第7分位)でこの間,市場所得シェアが低下していることである。特に国民の下半分(第1～第5分位)の所得シェアは5.4％から3.0％へと44％も減少している。第2に,反対に上位3割の高所得層(第8～第10分位)では所得シェアが上昇している。特に第10分位は38.8％から41.6％へと増加率7％に達している。2000年代ドイツでは国民の上位1割が市場所得の4割を占有しているのである。第3に,高所得層の中でも超高所得層ほどこの間の市場所得シェアの上昇率が高くなっている。所得上位1％層は6.9％,上位0.1％層は9.2％,上位0.01％層は17.3％,上位0.001％層

表1-16　ドイツ市場所得の所得分位別シェアの推移　　(％)

|  | 1992年 | 2001年 | 92→01　変化率 |
|---|---|---|---|
| 第1～5分位 | 5.41 | 3.02 | -44.1 |
| 第6分位 | 8.28 | 7.02 | -15.2 |
| 第7分位 | 11.96 | 11.35 | -5.1 |
| 第8分位 | 15.59 | 15.89 | +1.9 |
| 第9分位 | 19.98 | 21.10 | +5.6 |
| 第10分位 | 38.78 | 41.62 | +7.3 |
| 上位1％ | 11.20 | 11.98 | +6.9 |
| 上位0.1％ | 4.18 | 4.56 | +9.2 |
| 上位0.01％ | 1.62 | 1.90 | +17.3 |
| 上位0.001％ | 0.55 | 0.75 | +35.4 |
| 上位0.0001％ | 0.16 | 0.24 | +53.0 |
| ジニ係数 | 0.5813 | 0.6064 | +4.3 |
| 90／50 | 3.60 | 5.09 | +41.3 |

(出所)　Bach und Steiner (2007), S.194.

は35.4％、上位0.0001％は53.0％という上昇率であった。ちなみに所得最上位0.0001％、65人の所得シェアは0.16％から0.24％へと拡大している。第4に、上記の当然の結果として、ドイツの個人レベルでの市場所得格差はこの間拡大している。ジニ係数は0.5813から0.6064へと4.3％上昇して所得不平等の度合いが拡大していること、また上位50％位置の所得水準に対する上位90％位置の所得水準の比率も3.6倍から5.1倍に増加して上位と下位の所得格差が拡大していることがわかる。

それでは、このように増加した超高所得層の市場所得の源泉とはドイツの場合いかなるものであろうか。表1-17は2001年における所得上位10％層およびその中の超高所得層それぞれの市場所得構成比を示している。ここからは次のことが指摘できよう。第1に、給与所得の比率は、全市場所得平均では83％、所得上位10％層では73％で圧倒的であるが、超高所得層では極めて低い。その比率は上位1％の42％から、上位0.1％で23％、上位0.01％で11％、上位0.001％で5％へと順次低下している[8]。第2に、逆に超高所得層では企業活動所得と財産所得の比重が高いが、特に企業活動所得は所得水準とともに顕著に上昇する。企業活動所得の中でも企業経営所得は、上位0.1％層で40％、上位0.01％層で57％、上位0.001％層で67％であり、超高所得層のこの間の所得拡大とは企業経営に基づくものであると判断できよう。第3に、財産所得については、所得上位0.1％～0.0001％層で25～28％を占めており、超高所得層にとっては企業経営所得に次ぐ所得源泉になっているが、その中心は利子・配当によるものである。

以上のように1992年から2001年への動向をみると、ドイツでは超高所得層への所得集中と所得格差拡大が一段と進んでいたことが確認できよう。そして、

---

8) なおOECD諸国の中ではドイツの超高所得層の給与所得比率は低い。1998年での上位0.01％層の給与所得の比重は、アメリカ45％、フランス22％に対してドイツは9％であった。ただ、そのドイツでも企業トップマネージャーの報酬拡大傾向を反映して、給与所得の比重が2001年には上位0.01％層で11％へ上昇し、また上位0.001％層でも1992年の2％から2001年には5％へ上昇している（Bach und Steiner, 2007, S.197）。

表1-17　ドイツ高所得層の市場所得構成比（2001年）　　（％）

|  | 給与所得 | 企業活動所得 |  |  | 財産所得 |  |  |
|---|---|---|---|---|---|---|---|
|  |  | 企業経営 | 自由業 | 小計 | 利子・配当 | 賃貸・リース | 小計 |
| 全市場所得平均 | 83.1 | 7.0 | 4.4 | 11.4 | 4.2 | 1.4 | 5.5 |
| 上位10％ | 78.3 | 11.5 | 8.2 | 19.7 | 5.3 | 1.6 | 6.9 |
| 上位1％ | 42.1 | 24.3 | 17.5 | 41.8 | 13.0 | 3.1 | 16.1 |
| 上位0.1％ | 22.9 | 40.3 | 11.7 | 52.0 | 22.1 | 3.0 | 25.2 |
| 上位0.01％ | 11.6 | 57.0 | 3.5 | 60.5 | 26.1 | 1.8 | 27.9 |
| 上位0.001％ | 5.2 | 67.3 | 1.0 | 68.3 | 25.8 | 0.7 | 26.6 |

（注）　市場所得は，給与所得（社会保険料雇用主負担を含む），企業活動所得，財産所得の合計であり，財産売却所得，公的年金，社会保障移転を含まない。
（出所）　Bach und Steiner（2007），S.197．

　Bach und Steiner（2007）は2001年以降もこの傾向が続いているとして次のようにのべる。「2001年以降においてドイツの失業率は上昇し，経済全体での給与比率は低下しているが，その一方で企業活動や財産による所得割合は上昇している。それゆえ，1992年から2001年までの期間についてここで指摘された市場所得の不平等と集中の拡大ということは，ここ数年において強化されてきている。年間所得に関する2004年までの社会経済パネル情報はこの評価を説明している[9]」，と。

　さて，ここでより重要な問題は，一方で超高所得層が1990年代から2000年代にかけてこのように市場所得拡大を続ける中で，他方で所得税最高税率を大幅に削減するという税制改革2000が遂行された結果，所得税負担と所得再分配にどのような影響が現われてきたかを確認することである。これについては，Bach, Corneo and Steiner（2008）が公式の所得税納税申告書データと社会経済パネル個票データに基づき，1992年～2002年について超高所得層を含む所得分位別の所得税負担と課税後所得の状況について分析しているので参照してみたい。表1-18～表1-21がそれである。なおここでの粗所得とは，給与所得（社会保険料雇用主負担を含む），企業活動所得（農林業，非法人企業，自営業の所得

---

9) Bach und Steiner（2007），S.198．

を含む),資本所得(利子・配当,賃料・リース所得),キャピタルゲイン,移転所得(失業給付,社会支援,住宅手当,子供手当,雇用に基づく年金等)の合計所得に非課税所得と税額控除給付を加算したものであり,「政府移転所得後」で「課税前」の世帯所得を表している[10]。まず表1－18は所得分位別にみた世帯粗所得に対する所得税負担率の推移(1992年～2002年)を示している。最高税率が53%(1998年)から48.5%(2001年)に引き下げられた所得税減税の効果として,1998年と2002年の所得税負担率を比較してみよう。第10分位の負担率そのものは21％台の水準であり,ここでは大きな変化はない。しかし超高所得層をみると,上位0.01％層は36.4％から35.3％へと1.1％ポイント低下,上位0.001％層は41.0％から34.3％へと6.7％ポイント低下,さらに上位0.0001％層は45.0％から32.0％へと13％ポイントも低下している。

表1－18 所得分位別にみた所得税負担率(対粗所得)

|  | 1992年 | 1998年 | 2001年 | 2002年 |
|---|---|---|---|---|
| 第1～5分位 | 4.4 | 3.9 | 2.9 | 3.5 |
| 第6～9分位 | 10.5 | 10.8 | 10.1 | 10.5 |
| 第10分位 | 21.4 | 21.6 | 21.9 | 21.9 |
| 上位1％ | 34.2 | 31.5 | 33.4 | 32.4 |
| 上位0.1％ | 41.0 | 35.6 | 38.2 | 36.1 |
| 上位0.01％ | 42.3 | 36.4 | 38.7 | 35.3 |
| 上位0.001％ | 41.6 | 41.0 | 38.1 | 34.3 |
| 上位0.0001％ | 42.3 | 45.0 | 36.0 | 32.0 |
| 全体平均 | 12.7 | 13.0 | 12.6 | 12.9 |

(出所) Bach, Corneo and Steiner (2008), p.17.

さらに,表1－19は所得分位別にみた所得税平均負担額の推移を,表1－20は所得分位別の所得税負担総額のシェアの推移を示したものである。表1－19によれば,第10分位の平均所得税負担額は1992年の25,500ユーロから2002年の25,300ユーロへと約200ユーロの減少し,0.8％の負担低下率になっている。しかし,所得上位1％層以上の超高所得層のこの期間の負担低下率をみると上

---

[10] Bach, Corneo and Steiner (2008), pp.8-9.

32

位1％層9.5％，上位0.1％層21.1％，上位0.01％層27.8％，上位0.001％層27.8％，上位0.0001％層33.0％となり，超高所得層ほど所得税の負担軽減率が高くなっている。特に上位0.0001％層平均の所得税負担額は1998年の約3,300万ユーロから2002年の2,200万ユーロへと1,100万ユーロも軽減されている。また，表1－20の所得階層別の所得税負担配分シェアによれば，第10分位のシェアは1998年の54.5％から2002年の54.7％へと0.2％ポイントながらわずかに上昇している。しかし，所得上位1％層以上の超高所得層のシェアはのきなみ低下している。上位1％層は24.3％から22.2％へと2.1％ポイントの低下，上位0.1％層は12.0％から9.5％へと2.5％ポイントの低下，上位0.01％層は5.6％から4.1％へと1.5％ポイントの低下である。そして最高所得層の上位0.001％層は2.3％から1.7％へ，上位0.0001％層も0.7％から0.5％へとシェアを大きく低下させている。以上のことから，税制改革2000の所得税改革・減税の途中段階（2002年）においても，所得税減税の効果は第10分位の中でもとりわけ超高所得層にとっての所得税負担軽減として表れていることがわかる。

表1－19 所得分位別にみた平均所得税負担額　(千ユーロ：2000年価格)

|  | 1998年 | 2001年 | 2002年 | 98→02 変化率(％) |
| --- | --- | --- | --- | --- |
| 第1～5分位 | 0.5 | 0.4 | 0.5 | ― |
| 第6～9分位 | 4.6 | 4.4 | 4.6 | ― |
| 第10分位 | 25.5 | 25.6 | 25.3 | −0.8 |
| 上位1％ | 113.6 | 109.9 | 102.8 | −9.5 |
| 上位0.1％ | 558.0 | 484.1 | 440.0 | −21.1 |
| 上位0.01％ | 2,622.9 | 2,041.5 | 1,891.8 | −27.8 |
| 上位0.001％ | 10,645.3 | 7,582.7 | 7,680.0 | −27.8 |
| 上位0.0001％ | 33,538.8 | 21,088.6 | 22,468.3 | −33.0 |
| 全体平均 | 4.7 | 4.5 | 4.6 | −2.1 |

(出所)　Bach, Corneo and Steiner (2008), p.16.

表1-20 所得分位別にみた所得税負担の配分状況　　（％）

|  | 1998年 | 2001年 | 2002年 | 98→02 変化 |
|---|---|---|---|---|
| 第1～5分位 | 5.8 | 4.3 | 5.1 | -0.7 |
| 第6～9分位 | 39.6 | 38.9 | 40.2 | +0.6 |
| 第10分位 | 54.5 | 56.7 | 54.7 | +0.2 |
| 上位1% | 24.3 | 24.4 | 22.2 | -2.1 |
| 上位0.1% | 12.0 | 10.7 | 9.5 | -2.5 |
| 上位0.01% | 5.6 | 4.5 | 4.1 | -1.5 |
| 上位0.001% | 2.3 | 1.7 | 1.7 | -0.6 |
| 上位0.0001% | 0.7 | 0.5 | 0.5 | -0.2 |

（出所）　Bach, Corneo and Steiner（2008），p.16.

　このように超高所得層に有利になる所得税減税の結果は，課税後の所得水準にも表れている。表1-21は1998年と2002年の粗所得と純所得の所得分位別シェアを示したものである。なおここでの純所得とは，粗所得（前記）から所得税負担のみを控除したものであり，他の直接税や社会保険料負担を考慮していない。つまり，所得比例的な社会保険料負担を含めないため，この純所得には所得税による所得再分配効果がより明確に表れているといえよう。同表では2つのことに注目したい。1つは，粗所得から純所得へのシェア変化をみると両年とも第1～第5分位，第6～第9分位は増加し，第10分位のみが低下しており，所得税による所得再分配効果をもっぱら最高所得層たる第10分位が担っていることである。いま1つは，より重要なことであるが，第10分位のシェア低下規模は1998年の3.13％ポイントから2002年の3.16％ポイントへとわずかながらも増加しているのに対して，上位1％層以上の超高所得層ではシェア低下規模がすべて縮小していることである。このことは，所得税による所得再分配への超高所得層の貢献度が低下したことを意味するが，これは先に表1-18でみたように所得税減税によって超高所得層の所得税負担率が大きく低下したことによる当然の結果ともいえよう。

第1章 所得税改革と所得再分配

表1-21 所得分位別にみた粗所得・純所得の配分シェア (％)

|  | 粗所得 |  | 純所得 |  | 粗所得→純所得の変化(％ポイント) |  |
|---|---|---|---|---|---|---|
|  | 1998年 | 2002年 | 1998年 | 2002年 | 1998年 | 2002年 |
| 第1～5分位 | 19.41 | 18.73 | 21.32 | 20.70 | ＋1.91 | ＋1.97 |
| 第6～9分位 | 47.74 | 49.10 | 48.96 | 50.29 | ＋1.22 | ＋1.19 |
| 第10分位 | 32.85 | 32.17 | 29.72 | 29.01 | －3.13 | －3.16 |
| 上位1％ | 10.06 | 8.85 | 7.99 | 6.91 | －2.07 | －1.94 |
| 上位0.1％ | 4.37 | 3.40 | 3.27 | 2.51 | －1.10 | －0.89 |
| 上位0.01％ | 2.01 | 1.49 | 1.49 | 1.12 | －0.52 | －0.37 |
| 上位0.001％ | 0.72 | 0.62 | 0.50 | 0.48 | －0.22 | －0.14 |
| 上位0.0001％ | 0.21 | 0.19 | 0.14 | 0.15 | －0.07 | －0.04 |
| ジニ係数 | 0.4593 | 0.4615 | 0.4255 | 0.4281 | － | － |

（出所）Bach, Corneo and Steiner (2008), p.18より作成。

# おわりに

　ドイツの税制改革2000による所得税改革の目的は，赤緑連立政権や連邦財務省の言葉によれば，社会的に均衡のとれた所得税減税によって，個人消費や企業投資を拡大して経済成長や雇用を拡大することにあった。本章では所得税減税や法人税減税による雇用拡大などの経済効果は検討しなかったが，少なくとも税制改革2000に所得税減税は高所得層，特にスーパーリッチ（超高所得層）により大きな恩恵をもたらし，ドイツ所得税が従来担ってきた所得再分配機能をかなり損なうものであったことを確認することができよう。
　それでは2000年代初頭のドイツにおいて，このように結果的に所得格差を拡大し，とりわけ極めて少数の超高所得層に大きな恩恵を与えることになる所得税減税が受け入れられたのは何故であろうか。連邦財務省によるいくぶんの情報誘導の効果もあろうが，Bönke und Corneo (2006)による次のような評価がまずは妥当なところではないだろうか。「赤緑改革を政治的に実現させた力のよりもっともらしい説明は，選挙民がその特別な成長効果は自分達の所得のた

35

めになると期待したがゆえに，赤緑税制改革の逆進的な再分配効果を甘受したことである。しかし，公の議論では税制改革の成長効果がしばしば強調されているにもかかわらず，その説明を判断しうる実証的根拠は今日においても示されていない[11]」，と。

表1－22　高所得層の所得および所得税負担シェア　　（％）

|  | 中位所得値の200％以上 | 所得上位1％ |
| --- | --- | --- |
| 世帯シェア | 9.76 | 1.00 |
| 等価純所得シェア |  |  |
| 　金持ち税なし | 29.34 | 9.08 |
| 　金持ち税あり | 29.28 | 9.00 |
| 所得税負担シェア |  |  |
| 　金持ち税なし | 50.05 | 21.33 |
| 　金持ち税あり | 50.25 | 21.61 |

（出所）　RWI／FiFo（2007），S.41－42.

なお，赤緑連立政権を経て2005年より成立したキリスト教民主・社会同盟（CDU／CSU）と社会民主党（SPD）のいわゆる大連立政権（メルケル政権）では，2005年連邦議会総選挙でSPDが金持ち税（Reichensteuer）を主張していたこともあって，2007年より所得税最高税率が42％から45％に再び引き上げられることになった[12]。前出のRWI／FiFo（2007）での試算によれば，金持ち税

---

11) Bönke und Corneo（2006），S.24. なお同論文では，税制改革2000への代替案（減税額は1998年税制から2005年税制への減税額311億ユーロと同じとする）として，①すべての納税者に同じ純所得増加率を保障する案（最低税率22.81％，最高税率50.72％，基礎控除額8,513ユーロ），②税率カーブ（傾き）を1998年税制にもどし基礎控除額をさらに引き上げる案（最低税率27.14％，最高税率53.0％，基礎控除額10,911ユーロ），③フラットタックス案（均一税率32.88％，基礎控除額10,000ユーロ），3案による所得税負担配分と減税配分のマイクロシミュレーションを行っている。2005年税制に比較して，②案，①案の順で所得格差をより是正し，③案は所得格差をより拡大させる，という結果を導いている。

12) 選挙戦ではCDU／CSUは付加価値税率の16％から18％への引上げ，所得税率の更なる引下げ（最高税率42％→39％，最低税率15％→12％）を，SPDは所得税最高税率の42％から45％への引上げを主張していたが，大連立政権では所得税最高税率の45％への引上げと付加価値税率の19％への引上げという妥協的解決がなされた（財務省，2006年，参照）。

の効果は表1-22のようになる。所得税負担シェアでは，中位所得値の200％以上層（ほぼ第10分位に相当）で50.05％から50.25％へと0.2％ポイント，所得上位1％層では21.33％から21.61％へと約0.3％ポイント増加する。そして所得税および社会保険料負担後の純所得シェアでも前者で0.06％ポイント，後者で0.08％ポイント減少しており，所得税の所得再分配機能の一定の回復がみられている[13]。

---

13) なお，税制改革2000による所得税制改正が進行していた2000年代前半（2001年～2005年）においては，各政党や研究機関・集団による所得税簡素化を中心にした所得税改革構想がいくつも発表され，改革をめぐる議論やシミュレーション分析が行われている。2000年代ドイツにおける様々な所得税改革構想の整理と比較検討については，Bach, Haan, Rudolch und Steiner（2004），Truger（2004b），Boss und Elender（2004），野田（2008）がある。

# 第2章
## 所得税のフラットタックス構想
―キルヒホーフ案の検討を中心に―

## はじめに

　現代所得税において累進課税を廃止して均一税率に移行させるフラットタックスは，簡素化を前面に出した大胆な所得税改革構想であるが，租税負担の公平性からみると問題も大きい改革構想である。本章では，2005年前後にドイツで議論されたフラットタックス構想たるキルヒホーフ案を事例に，現代国家におけるフラットタックスのねらいと問題点を考えてみたい。本章の構成は，第1節で現代所得税改革構想の中でのフラットタックスの特徴をのべ，第2節ではドイツでのキルヒホーフ案登場の背景と内容を紹介し，第3節ではキルヒホーフ案での累進課税の理解を検討し，第4節ではキルヒホーフ案の税収および租税負担への効果を各種推計から検討し，さらに第5節では税収中立によるフラットタックスモデルの租税負担への影響を検証してフラットタックスの政治的実現可能性を考える。

## 1　所得税改革とフラットタックス

　20世紀以降の現代国家の租税システムにおいて，累進税率と各種控除制度を伴う所得税は国家の主要な税収確保手段として，また納税者の負担能力と個別事情に配慮した公平な課税手段として主要な役割を演じてきている。しかしその一方で，多段階の累進税率や限界税率の高さ，複雑な所得控除・税額控除制度の存在自体が，経済効率や負担の公平性を損なうという批判もある。特に1980年代・90年代以降になると，経済グローバル化に伴う国際的な租税競争（税率引下げ競争）や新自由主義的政策志向の広まりを受けて，所得税率のフ

ラット化（累進税率ブラケットの削減や最高税率の引下げ）や簡素化という所得税改革が各国において展開されてきている。そして、所得税改革構想の中でも抜本的で大きな改革とされるのが二元的所得税とフラットタックスであり、これらは今日の所得税改革の議論においても大きな影響力を持っている[1]。

二元的所得税とは、課税所得を勤労所得と資本所得に大別し、勤労所得には累進課税を、資本所得には法人税率と同水準の比例税率を課するというものであり、1990年代以降に北欧4カ国（フィンランド、ノルウェー、スウェーデン、デンマーク）で導入されている。二元的所得税の目的は基本的には、経済グローバル化という現実の中で勤労所得に比べて「逃げ足の速い」資本所得に対しては比較的低い比例税率を課すことによって、自国所得税の課税ベースを確保し続けることにある[2]。

一方、フラットタックスは所得税制の簡素化を前面に出した改革であり、その基本的特徴としては、①累進課税に替えて均一税率にする、②各種所得控除や税額控除の全部ないし大半を廃止して基礎控除に一本化する、③個人所得税と法人税を統合する、というものである[3]。フラットタックスの制度自体は、表2-1に示すように1994年にエストニアで導入されて以降、2006年現在でロ

表2-1 フラットタックスの導入状況

| 国　名 | 導入年度 | 所得税率（改革後） | 所得税率（改革前） | 法人税率（改革後） | 基礎控除の変化 |
|---|---|---|---|---|---|
| エストニア | 1994 | 26% | 16～33% | 26% | やや増加 |
| リトアニア | 1994 | 33% | 18～33% | 29% | 相当増加 |
| ラトヴィア | 1997 | 25% | 25～10% | 25% | 少し減少 |
| ロシア | 2001 | 13% | 12～30% | 37% | やや増加 |
| ウクライナ | 2004 | 13% | 10～40% | 25% | 増加 |
| スロヴァキア | 2004 | 19% | 10～38% | 19% | 相当増加 |
| グルジア | 2005 | 12% | 12～20% | 20% | 廃止 |
| ルーマニア | 2005 | 16% | 18～40% | 16% | 増加 |

（出所）　Keen et al. (2006), p.6.

1)　現代の所得税改革の動向と議論については、OECD (2006a) を参照されたい。
2)　OECD (2006a), pp.74-75.
3)　OECD (2006a), pp.86-87.

シアおよび東欧の8カ国で実施されている。フラットタックスを導入しているのは，これまでのところ旧社会主義国で新興市場経済諸国のみであり，先進資本主義国における導入実績はない。しかし，簡素化というある意味で単純で分かりやすいフラットタックス構想は，先進資本主義国における所得税改革をめぐる議論の中で少なからず影響を与えているのも事実である。

さて，フラットタックス構想において重要なのは，累進課税と比較しての均一税率の意義をどう評価するかであろう。フラットタックス支持者の立場からすると，累進課税に伴う以下のような問題はフラットタックスによって解決することになる[4]。第1に，累進課税による多数の課税ブラケットの存在は，納税者にとって自分が最終的にどれだけの税金を払うのかなど，租税システムの働きの理解を困難にしている。これに対して，均一税率になれば税額は極めて明瞭になる。

第2に，累進税率の下では納税者は所得上昇とともにより高い限界税率に直面するため，それだけ租税回避や脱税の誘因となりやすい。このことはまた，租税収入や租税システムの効率性に影響を与え，税制の公平性を掘り崩し，結果的には租税モラルを低下させて累進税制の遂行および徴税コストをさらに増加させかねない。これに対して，均一税率ならば租税回避や脱税の誘因は著しく小さくなるはずである。

第3に，個人所得税が累進課税で法人税が比例税であると，個人から法人への意図的な所得移転，租税操作の誘因となっている。フラットタックスの均一税率を法人税と同一税率にすれば，このような租税操作をなくすことができる。

第4に，累進課税の下での各種所得控除の効果は，高い税率ブラケットが適用される高所得層ほど大きな恩恵を受けることになり不公平な制度になっている。フラットタックスの均一税率の下ではこのような不公平はなくなる。また，フラットタックスにあっても基礎控除の存在によって，所得水準の上昇とともに税負担額が増加するという累進的課税の実態は維持されるという。さらに加

---

4) OECD (2006a), pp. 87-88.

えて，所得税率の低下が経済を活性化して雇用拡大を生み，結果的に所得分配に好影響を与える可能性も期待されている。

このようにフラットタックスは，その支持者からすれば，既存の累進的所得税制に比べるとより簡素で，より公平で，より効率的な所得税として評価しうるものとなる。確かに抽象的ないし長期的にみれば，フラットタックスの簡素・公平・効率も一概には否定できない。しかしその一方で，既存の累進税制からフラットタックスへの移行は，高い税率ブラケットが適用されていた高所得層にもっぱら租税負担軽減効果をもたらすことも容易に想像されうることである。つまりフラットタックスは短期的ないし現実的には，所得分配にネガティブな影響を与える可能性が高い。実はこのことが，従来先進資本主義国においてフラットタックスが導入されてこなかった重要な要因といえよう。東欧のフラットタックス導入国と隣接するドイツでも，近年フラットタックス導入をめぐって具体的な議論と研究がなされてきた。そこで以下では，ドイツにおけるフラットタックス構想の内容と所得分配への影響分析などから，フラットタックスのねらいと問題について具体的に考えてみよう。

## 2　キルヒホーフ案の登場

2000年代ドイツでの所得税制をめぐる議論においては，税制の簡素化が中心的目標の1つになってきた。というのも，現行税制の複雑さが納税者や税務当局に高い行政コストを課しているだけではなく，租税の公平さの欠如の一要因になっているとみなされているからである。つまり複雑で不透明な税制によって，とりわけ高所得の納税者は税制専門家の助言を受け，例外規定を利用して，その租税負担を軽減している状況にあるがゆえに有利になっている，と広く認識されていたのである[5]。

そして，2003〜2005年には各政党，研究団体レベルから様々な所得税改革構

---

5）　Fuest et al.（2006a），S.3.

第2章 所得税のフラットタックス構想

想が提起される。その中で最も注目され最も論争の的になったのが，所得税制の簡素を前面に掲げてフラットタックスを提起したキルヒホーフ案であった[6]。P.キルヒホーフ（Paul Kirchhof）は元・連邦裁判所判事でハイデルベルク大学教授（税法）であり，研究集団「連邦税法典」"Bundessteuergesetzbuch"のリーダーでもある。いわゆるキルヒホーフ案とは，2001年にキルヒホーフを含む研究者集団が所得税制改革についてカールスルーエ草案として発表したものを，2003年にハイデルベルク研究集団「連邦税法典」が法人税の統合も含めた所得税法典として発展させ発表したものである[7]。

キルヒホーフは2005年9月の連邦議会選挙を前にして，当時野党であったキリスト教民主同盟・社会同盟（CDU／CSU）の党首メルケルから影の内閣の財務大臣としての就任要請を受け，税制改革案としてフラットタックス構想（いわゆるキルヒホーフ案）を発表した[8]。それまではこのキルヒホーフ案について税制専門家の中でのみ議論されていたが，この発表後にはキルヒホーフ案は新聞・雑誌等のマスコミにおいても注目されるようになった[9]。

さて，キルヒホーフが解決すべき課題としてとくに重要視するのがドイツの所得税制の簡素化である。彼は現行所得税制について次のように批判する。「個別事情を選択的につかもうとすればするほど，経済生活の実状からかけ離れてしまい，税制に詳しい専門家による合法的租税操作によって，法に基づく平等性の要請が容易に否定されるようになっている[10]。」また，「ドイツの立法者は，個別ケースでのできる限りの公正さ確保に努めてきた結果，ごちゃご

---

6) キルヒホーフ案の詳細は，Kirchhof（2003a），Kirchhof（2003b）を参照。なお2004年の連邦財務省学術顧問団報告においても，二元的所得税と対比しつつフラットタックス導入を勧告している。Gutachten des Wissenschaftlichen Beirats beim Bundesministerium der Finanzen（2004）.
7) Kirchhof（2003b），S.1. なおカールスルーエ草案の紹介と評価については，Merz und Zwick（2002）を参照されたい。
8) Homburg（2007）p.592.
9) キルヒホーフ案に対する当時のドイツ・マスコミでの反響については，Truger（2005）を参照されたい。
10) Kirchhof（2003b）Ⅶ.

ちゃして矛盾に満ち分かりづらい所得税制を形成してしまった。その背後にある公正原理もほとんど認識できない。」そして，「ハイデルベルク研究集団『連邦税法典』による所得税法典改革法案では，課税の普遍性や公平性というほとんど忘れさられた信頼すべき価値は，所得種類の一つへの集約，均一税率，課税ベースによる累進効果，租税補助金の大胆な解体，法人税の所得税への統合によってのみ再建できることを確信している[11]。」

ところで2005年現在のドイツ所得税制の概要は，①税率：15～42％の累進税率であり，税率区分はブラケットではなく，課税所得とともに上昇する線形累進税率である。②所得控除：基礎控除額は7,664ユーロであり，租税特別措置としての各種所得控除がある。③企業利潤：人的企業（個人企業，合名会社，合資会社）の利潤は所得税の対象であるが，資本会社（株式会社，有限会社など）の利潤は税率25％の法人税の対象である。

これに対してキルヒホーフ案の具体的改革構想は，①税率は原則として25％の均一税率とする，②基礎控除を8,000ユーロとしその他の各種所得控除を廃止する，③8,000ユーロを超える最初の5,000ユーロは課税所得として60％のみを，次の5,000ユーロは80％のみを算定する，④上記を税率換算すると軽減税率として15％，20％を設定したことになり，均一税率が課税されるのは所得18,000ユーロ以上となる，⑤法人税率と所得税率は25％で同一水準となり，配当など法人所得の個人・法人への移転先の相違による租税操作の余地はなくなる。

そして2005年税制とキルヒホーフ案での所得税率を図示したのが図2－1であり，所得水準に応じた平均所得税負担率を図示したのが図2－2である。一見して分かるのが，キルヒホーフ案になると所得20,000ユーロ以上で限界税率が大幅に低下すること，平均所得税負担率も高所得になるほど低下幅が大きくなることである。このように18,000ユーロ以上の所得について25％の均一税率

---

11) Kirchhof (2003a), S.1.

第2章 所得税のフラットタックス構想

**図2-1 2005年税制とキルヒホーフ案の限界税率**

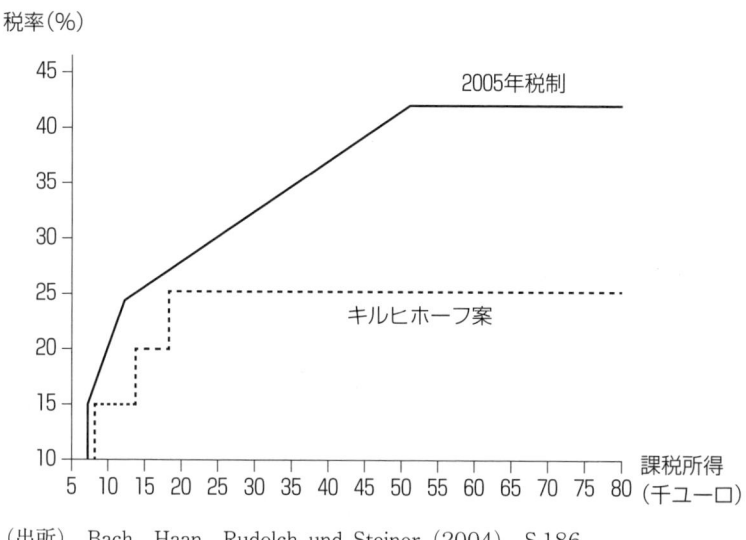

(出所) Bach, Haan, Rudolch und Steiner (2004), S.186.

**図2-2 2005年税制とキルヒホーフ案の平均負担税率**

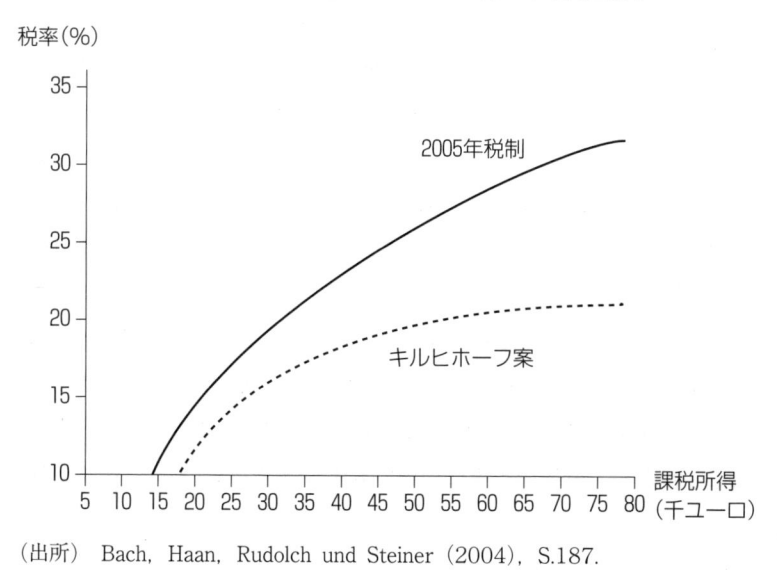

(出所) Bach, Haan, Rudolch und Steiner (2004), S.187.

で課税するキルヒホーフ案は，その税率効果でみる限り高所得層に大きな負担軽減になりそうである。これは従来の所得税における負担の公平や応能原則という考え方からすると，かなり異質な租税システムになるはずである。そこでこの点をより明確にするために，そもそもキルヒホーフにおいては所得税での負担の公平や累進課税がどのように位置づけられていたのかについて，簡単にみておくことにしよう。

## 3 キルヒホーフ案と累進課税

　キルヒホーフ案，したがってキルヒホーフ自身の累進課税に関する考え方をあらかじめ整理するならば，①累進課税による所得再分配には否定的であり，累進課税の役割を限定的にみていること，②現実の累進課税には様々な欠点，特に高所得層への負担軽減効果が大きいという問題があること，③累進課税の機能は税率ではなく課税ベースによって実現させること，ということになる。
　キルヒホーフは，まず，一般にいわれる所得税の累進課税の必要性や正当性についてはやや懐疑的であり，その役割もかなり限定的なものとして位置づけている。一般には累進的所得税は，給付能力の異なる諸個人が平等の租税負担を負うという租税の垂直的公平の表現である。それは，所得の限界効用逓減への対応，社会国家（福祉国家）原理の要請ないし社会国家（福祉国家）的な相対的公平の表現，間接税での低所得層の相対的負担過重への調整という意味からも正当化されている。そして累進課税の正当化の試みは，最終的には国家に所得再分配の役割を委託することになる[12]。
　しかし，こうした一般的傾向とは反対に，キルヒホーフはむしろ自由権の基本機能を重視すべきことを強調する。つまり彼によれば，「自由とは自己と他者を区別し，既存の差異を拡大することもかまわない。このことは職業，財産の自由，したがって所得の差異についてもあてはまる」，と。これに関連する

---

[12]　Kirchhof (2003a), S.9.

事例としてキルヒホーフは，自分の時間をすべて所得獲得に費やす人とすべて思索に費やす人を対比させ，前者は所得において豊かになり，後者は思索において豊かになること，そしてこの差異は（つまり結果的な所得格差）は自由意思に基づくもので正当なものである，とする。その上で，キルヒホーフは次のように結論する。「結局，国家はこのように自由に形成された差異とそれによる生活条件の多様さの上に成り立っている。租税国家は経済的成功者がその成功をさらに発揮させ，それによって社会全体の繁栄がさらに促進されることを期待している。貧富の差が過度に大きくならないようにし，それによって国民の内的まとまりを確保しようとする国家政策の関心事はかくして，個人の経済成果の再分配という租税政策の課題から，構造政策とりわけ労働市場政策や資産形成政策の課題へと移ってくる[13]。」

このようにキルヒホーフによれば，所得格差それ自体はある意味で国民の自由権発揮の結果であり，国家が累進所得税など租税政策によって積極的に是正すべき対象とはみなされていないのである。

とはいえ，キルヒホーフも累進所得税の役割を完全に否定しているわけではなく，上記文章に続けて次のように述べている。「それにもかかわらず，累進的所得税は所得の形成条件からみて依然として正当化しうるものである。つまり所得は個人的能力の成果ではあるが，それは他方では同時に，国家がその法制度・通貨制度・経済制度によって，市場がその需要力によって，社会がその一般教育や専門教育によって創り出すところの所得獲得の合法的構造的環境の表れでもある。それゆえ，われわれの所得税法典は自然人への累進的課税を捨てることはない[14]。」つまり，個人の所得形成には公共サービスや社会環境などの外的要因も作用しているのであり，その分だけの一定の累進課税は是認しうるという立場である。

次に，キルヒホーフは現行の累進課税には様々な欠点があることを問題にする。つまり，累進課税の存在は，インフレーションによる名目所得増加で適用

---

13) Kirchhof (2003a), S.9.
14) Kirchhof (2003a), S.9.

税率が上昇して実質的増税になること，高税率を避けるために様々な租税回避行動がとられるがその大半は平均的勤労者は利用できないこと，平等に適用される所得控除であっても高所得層ほどその負担軽減の恩恵が大きいこと，などである[15]。特に最後の点についてキルヒホーフは，所得税における負担の公正さ（Belastungsgerechtigkeit）と負担軽減の公正さ（Entlasungsgerechtigkeit）の調停の困難さを指摘する。例えば，子供扶養控除が課税ベースから控除されるのは，子供扶養のための所得は両親にとって自由処分できないためであるが，この制度はまた富裕者にとっての負担軽減効果をもたらすものとして批判しうるものである。つまり，「負担の公正さが問題であるならば，両親にとって自由処分できない所得は課税すべきではないし，累進的にも課税すべきではない。逆に，課税ベースから控除されることによって配分される租税補助金への批判はほとんど沈黙しているようにみえる。もちろんそこには負担軽減の公正さが問題になっているのであり，高所得層のみ高所得であるがゆえにより高い補助金を交付する理由はないのである[16]。」

最後に，キルヒホーフは，均一税率を導入することによって，上記のような所得税の大きな問題は明白に縮小され，その一方で累進性の機能は「社会調整」（Sozialausgleich）として課税ベースに移転させるとする。彼によれば，「均一税率はすべての納税義務者にとって直接的平等という意味で公正である。納税義務者にとってそれは，簡素，明瞭，了解性を表している。社会国家性の要請からすれば，最低生活費（Existenzminimum）が課税から除外されるならば原則として十分である。それでもなおわれわれの所得税法典では，国家・市場・社会の共同作用に配慮して，最低生活費を超える最初の5,000ユーロはその60％分のみを，次の5,000ユーロはその80％分のみを課税ベースに算入することによって累進性が達成される[17]。」

---

15) Kirchhof (2003b), S. 46-47.
16) Kirchhof (2003a), S. 9.
17) Kirchhof (2003a), S. 10.

第2章　所得税のフラットタックス構想

## 4　キルヒホーフ案の効果

　キルヒホーフ案が実現するとドイツの所得税は，累進税率から25％の均一税率になり，各種所得控除も廃止されて8,000ユーロの基礎控除のみとなる。この改革によって全体の所得税収および所得階層別の所得税負担が実際にどのように変化するかについての実証データをキルヒホーフ案自体は提示していない。ただ，キルヒホーフ自身は，この改革について2つの中心的約束を公言していた。1つは，改革は完全に税収中立であること。つまり，所得税率引下げによる減収は課税ベース拡大による増収によって完全に相殺され，国家財源的には改革後も改革前と変わらない。いま1つは，改革は分配上の公正に役立つこと。つまり，今日，租税特別措置によって過剰に利益を得ている富裕者は，その廃止によって改革後はより多く納税するようになるはずであり，他方で平均的市民には利益となる[18]。

　それではキルヒホーフ案による実際上の効果はどのようなものであろうか。キルヒホーフ案の発表後，ドイツ国内ではいくつかの研究グループ等が，他の改革案も含めてキルヒホーフ案による税収および負担面への影響を分析しており，以下ではその成果を参考にしたい。

　まず税収について。現行所得税制による2005年度税収に比べてのキルヒホーフ案による制度完成時の税収は，ベルリン・ドイツ経済研究所（DIW・Berlin）の推計では，264億ユーロの減収（GDP比1.2％）であり，連邦・州上級財務庁税務局長の推計では114億ユーロの減収になる。また改革初年度の2005年度のみでみると上記税務局長推計では429億ユーロ，キール・国際経済研究所の推計では181億ユーロの減収になっている[19]。つまり，いずれの推計でもキルヒホーフ案の実施は税収中立ではなく，相当な減収になることを予測している。

---

18)　Truger (2005), S.1.
19)　Truger (2005), S.3-4. なお原資料はBach, Haan, Rudolch und Steiner (2004), Boss und Elendner (2004), Abteilugsleiter (2004)。

次に負担の公正について。ベルリン・ドイツ経済研究所のBach, Haan, Rudolch und Steiner（2004）は，当時入手しうる最新資料である1995年・所得税統計の個票データを用いてマイクロシミュレーションを行い，所得階層別の2005年税制での所得税負担とキルヒホーフ案での所得税負担を比較している。以下の表2－2～表2－4はその結果の一端である。まず表2－2は所得税負担額の変化率を示している。納税者全体の平均では所得税負担は3.4％低下しているが，高所得層になるほど負担軽減率が大きくなっている。特に75万ユーロ以上の高所得層は9％前後の負担軽減率になる。また納税者総数に占める比率でみると，負担軽減率5％以上になる所得10万ユーロ以上層は全体の4.5％，負担軽減率7％以上になる所得25万ユーロ以上層は全体の0.7％にすぎない。つまりキルヒホーフ案による所得税改革は，ごく少数の高所得層ほど負担軽減の恩恵が大きいことになる。

さらに表2－3は，2005年税制とキルヒホーフ案による所得税改革後の家計等価純所得の十分位ごとの配分シェアを比較したものである。キルヒホーフ案

**表2－2　所得階層別の所得税負担の変化率（2005年税制→キルヒホーフ案，％）**

| 粗所得水準（千ユーロ） | 納税者数（千人） | 変化率（％） |
|---|---|---|
| 0～15 | 5,531 | － |
| 15～20 | 2,157 | －0.6 |
| 20～25 | 2,586 | －1.3 |
| 25～30 | 3,212 | －1.8 |
| 30～40 | 5,780 | －2.5 |
| 40～50 | 3,662 | －3.2 |
| 50～75 | 4,741 | －3.4 |
| 75～100 | 1,521 | －3.6 |
| 100～250 | 1,184 | －5.0 |
| 250～500 | 149 | －7.3 |
| 500～750 | 30 | －7.3 |
| 750～1,000 | 10 | －9.2 |
| 1,000～ | 19 | －8.9 |
| 合計（平均） | 30,783 | －3.4 |

（出所）Bach, Haan, Rudolch und Steiner（2004），S.194.

によって所得シェアが上昇するのは最高所得層第10分位だけであり、それ以下の第1～第9分位はすべてシェアを低下させている。また最上位5％、1％、0.1％の所得シェアも上昇している。そしてジニ係数も0.3062から0.3141へと上昇し、所得分配の不平等度は高まることになる。

表2－3　所得税課税後の家計・等価純所得の配分シェア（％）

|  | 2005年税制 | キルヒホーフ案 |
| --- | --- | --- |
| 第1分位 | 4.21 | 4.07 |
| 第2分位 | 5.57 | 5.47 |
| 第3分位 | 6.36 | 6.30 |
| 第4分位 | 7.01 | 6.95 |
| 第5分位 | 7.67 | 7.61 |
| 第6分位 | 8.40 | 8.14 |
| 第7分位 | 9.30 | 9.25 |
| 第8分位 | 10.59 | 10.53 |
| 第9分位 | 12.76 | 12.74 |
| 第10分位 | 28.12 | 28.74 |
| 上位5％ | 19.99 | 20.57 |
| 上位1％ | 10.08 | 10.49 |
| 上位0.1％ | 4.31 | 4.52 |
| ジニ係数 | 0.3062 | 0.3141 |

（出所）　Bach, Haan, Rudolch und Steiner（2004），S.198.

また表2－4は、実際の個別納税者のうち2005年税制に比べてキルヒホーフ案で負担減または負担増になる比率を推計したものである。前述のように改革によって結果的に全体では264億ユーロの負担減（DIW・Berlin推計）となり、すべての所得階層で負担軽減されている（表2－2）。ただ、表2－4の示すように個別納税者レベルでは、負担減になるのは全体の67％であり、残りの33％は多少なりとも負担増になっている。

つまりキルヒホーフ案の実施は、税収中立の建て前とは別に、相当な所得税収減と全体的な所得税負担の低下をもたらす。しかしその内訳をみると、高所得層ほど所得税負担軽減効果が大きく、結果的に課税後の所得分配の不平等度を上昇させる可能性が高い。キルヒホーフのいう負担の公正についても、重大

表2-4　個別納税者数でみた負担の増減割合（2005年税制→キルヒホーフ案）

|  | 納税者数（千人） | 構成比（％） |
| --- | --- | --- |
| 負担減 | 20,499 | 66.6 |
| うち5％以上減少 | 7,398 | 25.8 |
| うち10％以上減少 | 931 | 3.0 |
| 負担増 | 10,286 | 33.4 |
| うち5％以上増加 | 1,445 | 4.7 |
| うち10％以上増加 | 674 | 2.2 |

（出所）　Bach, Haan, Rudolch und Steiner（2004）S.200.

な疑問が残ることになる。

　キルヒホーフ案を実施すると税収中立は満たせず，また高所得層をもっぱら優遇する負担軽減になってしまう。そこで次に，そうなる要因を課税ベースと税率の側面から考えてみよう。まず図2-3は，前記税務局長推計によるものであるが，キルヒホーフ案で各所得階層ごとに税収中立を実現しようとした場合に必要となる課税ベース拡大の規模を推計・図示したものである。課税所得6万ユーロで30％の拡大，同15万ユーロで50％以上の拡大，同100万ユーロでは60％以上の拡大が必要になっている。

　一方，表2-5はベルリン・ドイツ経済研究所が1998年・所得税統計の個票データを用いてマイクロシミュレーションした結果であり，2005年度所得税制による十分位別の所得税負担と所得控除など非課税措置の状況が推計されている。課税所得に占める各種所得控除による非課税措置の比重は，全体平均で11.8％であり，最高の第10分位（平均所得13万ユーロ）でも14.5％，さらに上位1％層（平均所得44万ユーロ）でも21％，上位0.1％層（平均所得174万ユーロ）でも23％にすぎない。つまり最高所得層で税収中立を実現しようとすれば，本来はほぼ50％以上の課税ベース拡大が必要であるにもかかわらず，現実にはすべての非課税措置を廃止しても20％前後しか課税ベースを拡大できないのである。

　高所得層は，2005年税制ではその課税所得のうち52,152ユーロ以上の部分には最高税率42％が適用されるが，キルヒホーフ案では25％に低下するため，税率面で大幅な減税効果を受ける。その一方で，十分な課税ベース拡大がそもそ

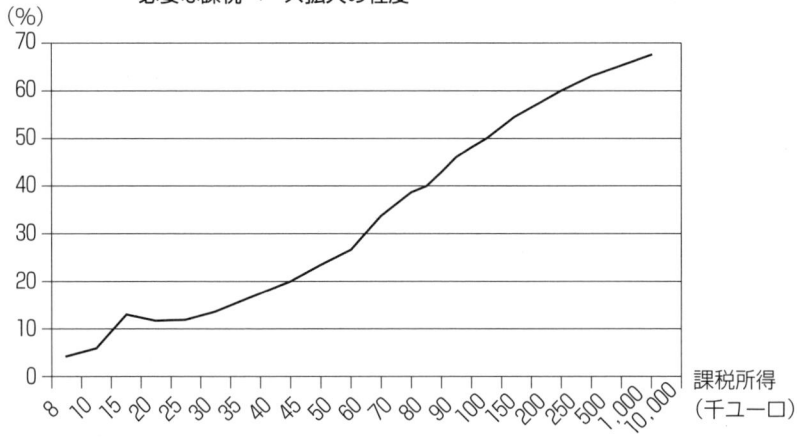

第2章 所得税のフラットタックス構想

図2-3 キルヒホーフ案において，各所得階層で税収中立実現のために必要な課税ベース拡大の程度

(注) 原資料はAbteilungsleiter (2004).
(出所) Truger (2005), S.9.

表2-5 2005年税制による所得税負担と非課税措置の推計

|  | 平均所得(千ユーロ) | 所得税収でのシェア(%) | 粗所得に対する所得税負担率(%) | 課税所得に対する非課税所得の比率(%) | 主要な非課税措置(%) 賃貸，営業参与による損失控除 | 主要な非課税措置(%) 資本財産による非課税所得 | 主要な非課税措置(%) 勤労所得のうち非課税部分 |
|---|---|---|---|---|---|---|---|
| 第1～3分位 | 8 | 1.5 | 3.7 | 20.5 | 5.2 | 5.7 | 4.7 |
| 第4分位 | 24 | 2.8 | 6.8 | 10.5 | 0.8 | 2.1 | 4.1 |
| 第5分位 | 29 | 4.2 | 8.6 | 9.5 | 0.7 | 1.8 | 3.5 |
| 第6分位 | 34 | 5.7 | 9.9 | 9.2 | 0.9 | 1.6 | 3.4 |
| 第7分位 | 40 | 7.6 | 11.2 | 9.2 | 0.8 | 1.6 | 3.3 |
| 第8分位 | 49 | 10.8 | 13.1 | 9.1 | 1.4 | 1.6 | 3.1 |
| 第9分位 | 62 | 16.1 | 15.3 | 9.2 | 1.8 | 1.5 | 2.8 |
| 第10分位 | 135 | 51.3 | 23.0 | 14.5 | 5.8 | 4.1 | 1.6 |
| 全体 | 40 | 100.0 | 15.0 | 11.8 | 3.1 | 2.7 | 2.7 |
| 上位1% | 442 | 20.6 | 28.9 | 20.9 | 9.5 | 8.3 | 0.3 |
| 上位0.1% | 1,741 | 8.3 | 30.1 | 22.9 | 8.0 | 12.3 | 0.1 |

(出所) Bach (2005), S.524.

も不可能なために，高所得層への負担軽減率が相対的に高くなっているのである。さらに表2－5によれば，所得税収に占める第10分位のシェアは51％，上位1％層のシェアだけでも20％もある。つまりこれら最高所得層での相対的に高い負担軽減率が，所得税収そのものの後退，換言すれば税収中立の不可能をもたらすことにもなったといえよう。

## 5 フラットタックスの可能性

キルヒホーフ案の実施は，推計によれば，高所得層ほど負担軽減効果が高いものの，平均的にはすべての所得階層で負担軽減になる。ところが同案は結果的には税収中立ではなく，ドイツの財政事情を考えれば減収に対応した他の租税（付加価値税など）での増税が必要になる。つまり税制改革による所得階層別にみた納税者負担への影響は，キルヒホーフ案だけでは不完全にしか評価できない。

この点を踏まえて，ケルン大学財政研究所のフュエストらは，税収中立を確保したフラットタックスモデルによる所得階層別の負担配分への影響を試算している[20]。試算方法は1998年・所得税統計の個票データを用いて，2006年税制，キルヒホーフ案，フラットタックス修正案（Ⅰ～Ⅳ）によるマイクロシミュレーションを行うものである。その結果の一端が表2－6～表2－8である。

まず表2－6によれば，2006年税制では所得税収は1,909億ユーロであるが，キルヒホーフ案では275億ユーロの減収になる。そして4つのフラットタックス修正案の基礎控除と均一税率は，7,664ユーロ・26.5％，8,850ユーロ・28％，10,300ユーロ・30％，11,650ユーロ・32％の組み合わせとなり，それぞれほぼ税収中立となる。当然ながら基礎控除を引き上げるほど，その減収分を補うために均一税率は高く設定される。そして表2－7は所得階層別の等価純所得と各フラットタックス改革による増減率を示している。キルヒホーフ案では，

---

20) Fuest et al. (2006b).

第2章 所得税のフラットタックス構想

表2-2と同様に，高所得層に偏りつつすべての所得階層で負担減になるため，等価純所得は最高所得層の第10分位で最も高い9％増となり，第1～第9分位も2～4％の増加になる。一方，キルヒホーフ案にやや近い修正案Ⅰ，Ⅱでは第10分位の所得増加率は5％前後に低下するものの，第3～第8分位のいわば中間層では3％前後の高い所得減少率になる。基礎控除，均一税率をより高くした修正案Ⅲ，Ⅳでは，第10分位の所得増加率は2～3％とさらに低くなり，

表2-6　各フラットタックス・モデルによる税収効果（推計）

|  | 基礎控除（ユーロ） | 税　率 | 税収額および改革による変化（10億ユーロ） |
| --- | --- | --- | --- |
| 2006年税制 | 7,664 | 15～42 | 190.93 |
| 修正案Ⅰ | 7,664 | 26.5 | ＋0.21 |
| 修正案Ⅱ | 8,850 | 28 | ＋0.12 |
| 修正案Ⅲ | 10,300 | 30 | ＋0.14 |
| 修正案Ⅳ | 11,650 | 32 | ＋0.07 |
| キルヒホーフ案 | 8,000 | 15／20／25 | －27.52 |

（出所）　Fuest et al.（2006b），S.7.

表2-7　所得階層ごとの等価純所得とフラットタックスによる増減率　（％）

|  | 当初所得2006年・ユーロ | 修正案Ⅰ | 修正案Ⅱ | 修正案Ⅲ | 修正案Ⅳ | キルヒホーフ案 |
| --- | --- | --- | --- | --- | --- | --- |
| 第1分位 | 1,764 | －0.01 | －0.01 | －0.01 | －0.01 | 2.58 |
| 第2分位 | 6,746 | －0.23 | －0.11 | －0.05 | －0.02 | 1.93 |
| 第3分位 | 10,699 | －0.71 | －0.69 | 0.22 | 0.76 | 2.38 |
| 第4分位 | 13,390 | －2.81 | －1.64 | －0.26 | 0.99 | 2.82 |
| 第5分位 | 15,658 | －3.30 | －2.28 | －0.97 | 0.28 | 2.85 |
| 第6分位 | 17,869 | －3.40 | －2.61 | －1.56 | －0.48 | 2.96 |
| 第7分位 | 20,296 | －3.19 | －2.67 | －1.93 | －1.13 | 2.96 |
| 第8分位 | 23,474 | －2.53 | －2.29 | －1.91 | －1.44 | 3.38 |
| 第9分位 | 28,726 | －1.36 | －1.46 | －1.54 | －1.52 | 4.03 |
| 第10分位 | 62,504 | 5.85 | 4.74 | 3.28 | 1.86 | 9.28 |
| ジニ係数と変化率 | 0.41 | 3.71％ | 2.78％ | 1.65％ | 0.62％ | 3.43％ |

（出所）　Fuest et al.（2006b），S.8.

また低所得層で幾分所得増加もみられるが，第6～第9分位の上位中間層では2％前後の所得減少率である。またジニ係数は修正案Ⅰ，Ⅱではキルヒホーフ案とほぼ同水準の3％上昇であり所得分配の不平等度が増す。また，基礎控除がかなり引き上げられる修正案Ⅲ，Ⅳでは低所得層の若干の負担軽減効果が働くものの，引続きジニ係数は1％程度ながら悪化している。

以上のことからフラットタックスのみで税収中立の租税改革を実施しようとすると，一方では高所得層の相当な負担軽減と所得分配の不平等拡大という基本的傾向は不変であること，他方では中間所得層の負担増大というキルヒホーフ案とは異なる顕著な傾向が出現することになる。つまり，フラットタックスは，厳密にいえば「貧乏人から金持ちへ」再分配する制度ではなく，中間および上層所得層が損失しつつ最高所得層が利益を得る制度ということになる[21]。

そして表2－8はフラットタックスによる勝ち組と負け組の全納税者での割合を示している。ここでの勝ち組とは，改革によって家計等価純所得が50ユーロ以上増加する家計であり，負け組とは50ユーロ以上減少する家計である。勝ち組はキルヒホーフ案では66％であるのに，修正案Ⅰ，Ⅱでは10％前後，修正案Ⅲ，Ⅳでも20％前後にすぎない。逆に負け組は修正案Ⅰ，Ⅱでは60％，Ⅲで50％，Ⅳで40％と高い。このように税収中立のフラットタックスは，負担面だけをみれば，納税者の大半にとっては利益になるものではない。その一方で，最高所得層での相当な負担軽減は明白である。これらのシミュレーション結果を踏まえて，フュエストらは次のようにのべる。「人口の大半へのこれらの否定的影響は，フラットタックス改革諸案が何故あれほど不人気であるかを説明することができよう[22]」，と。つまり，フラットタックスによる税制改革という方向は，民主主義的な投票制度を前提にするならば，その実現には政治的にかなり高いハードルが存在することになる。

2005年9月の連邦議会選挙の結果もドイツにおけるフラットタックス導入の政治的困難さを示している。前述のように同選挙を前にして，抜本的所得税改

---

21) Fuest et al. (2006a), S.5., Fuest et al. (2006b), S.14.
22) Fuest et al. (2006b), S.14.

第2章　所得税のフラットタックス構想

表2−8　フラットタックスによる勝ち組・負け組（%）

|  | 勝ち組 | ほぼ不変 | 負け組 |
|---|---|---|---|
| 修正案Ⅰ | 9.2 | 28.9 | 61.7 |
| 修正案Ⅱ | 10.3 | 31.7 | 57.9 |
| 修正案Ⅲ | 16.7 | 34.4 | 48.8 |
| 修正案Ⅳ | 25.4 | 35.5 | 39.4 |
| キルヒホーフ案 | 66.2 | 17.2 | 16.5 |

（注）　勝ち組は，家計純等価所得が50ユーロ以上増加する家計，負け組は，50ユーロ以上減少する家計。
（出所）　Fuest et al.（2006b），S.10.

革としてのキルヒホーフ案はマスコミや一般国民にも広く知られるようになった。しかし，世論調査では当初50%近くあったキリスト教民主同盟・社会同盟（CDU／CSU）への支持率は，選挙期間を通じて急速に低下していった。その要因には，メルケル党首が付加価値税率の16%から18%への引上げに言及したこともあるが，キルヒホーフ案による高所得層減税や失業給付金の免税措置廃止を含む課税ベース拡大による勤労国民への負担拡大への懸念も大きい。それに加えて，CDU／CSUとは対照的にドイツ社会民主党（SPD）のシュレーダー党首（当時連邦首相）が付加価値税率の16%維持と所得税最高税率の引上げ（「金持ちへの課税」）を主張して，税制による所得再分配への配慮を打ち出したことも無視できない。選挙の結果は，CDU／CSUの議席はSPDをわずかに上回ったものの勝利とはいえず，大接戦になったCDU／CSUとSPDという二大政党による大連立政権の形成となり，キルヒホーフ案というフラットタックス構想もドイツ税制改革の選択肢からは当面は消えることになった[23]。

---

23) Homburg（2007），p.592. なお，ホムブルクは次のようにのべている。選挙後，「キルヒホーフは政治の場面からすぐに消えた。しかし彼は，ドイツの有権者は抜本的税制改革には抵抗するという印象，その後数年間は政治活動を誘導するであろうこの印象を，政治家に残していった。」（Ibid.）

## おわりに

　税収中立のフラットタックスは，ドイツの事例によれば，既存の累進所得税に比べると，中間層を中心に勤労国民の相当割合が租税負担増になる。負担の増減や負担の公平性は，国民が税制改革の賛否を考える場合の具体的で最も分かりやすい基準であろう。その意味ではフラットタックス実現のハードルは高いのである。一方，フラットタックス構想はその税制簡素化や高所得層にとっての税率低下によって，経済成長や雇用拡大という経済効果や効率性を強調しており，ドイツでもその点を含めた実証研究も一部で進んでいる[24]。ただ，そこで示される経済効果および効率性などは，あくまで抽象的分析かつ中長期的な可能性であり，勤労国民にとっては，フラットタックスによる自らへの直接負担増大を相殺する効果として受け入れられるか，大きな問題として残るだろう。

---

24) Fuest et al. (2007), Paulus und Peichl (2008).

# 第3章

# 売上税（付加価値税）の現状と改革案
―軽減税率の機能と廃止案の検討を中心に―

## はじめに

　現代国家の主要税収の1つである一般消費税（付加価値税）には，その負担の逆進性ゆえに多くの国において低所得者対策としての軽減税率やゼロ税率が導入されている。他方で，一般消費税での税率の複数化に対しては，租税システムの効率性や課税の経済的中立性の観点からの批判も多い。

　ドイツの一般消費税たる売上税においても，近年の税率引上げ傾向とも関連して，一方で軽減税率の役割が大きくなるとともに，他方では効率性重視の観点からは軽減税率廃止の議論・主張もされるようになっている。そこで本章では，ドイツの売上税における軽減税率の機能と軽減税率廃止をめぐる議論ないし改革案について検討してみよう。構成は以下のとおりである。第1節では，ドイツ財政における売上税の推移と税収面での拡大傾向をみた上で，その付加価値税としての特徴と機能について国際的比較を行う。第2節では，売上税負担の逆進性の状況と軽減税率の低所得者対策としての効果と実態について確認する。第3節では，2009年以降ドイツで議論になっている軽減税率廃止論として，その代表的論者たるR.Peffekovenの構想を取り上げて紹介する。第4節では，軽減税率廃止に伴って必要となる低所得者対策の具体的提案について，S.Bachによる改革案と実証的データに基づくその効果を検証する。

## 1　現代ドイツの売上税

### 1）ドイツ財政における売上税

　近年，ドイツ財政においては一般消費税（付加価値税VAT：Value Added Tax）たる売上税（Umsatzsteuer）の比重がその税率引上げとともに上昇している。まず表3－1で，ドイツの租税・社会保障負担と一般消費税（売上税）のGDP比の推移をみると，1975年から2009年にかけて租税負担は21～22％台の水準でほぼ安定的に推移しているのに対して，一般消費税は1975年の5.0％からほぼ上昇傾向にあり，2009年には7.5％へと2.5％ポイントも増加している。他方で，社会保障負担は1975年の11.7％から2000年代には14％台になり，2009年には14.5％へと2.8％ポイントの増加になっている。結局この間，租税・社会保障負担全体のGDP比は34.3％から37.4％へと2.1％ポイント増加しているが，租税の中では一般消費税の増加（2.5％ポイント増）が目立つ。そして，租税・社会保障負担全体に占める一般消費税（売上税）の比重も1975年の14.6％から2009年の20.1％へと増加している。

表3－1　ドイツの租税・社会保障負担の推移（GDP比）　　（％）

|  | 1975年 | 1990年 | 2000年 | 2005年 | 2009年 |
|---|---|---|---|---|---|
| 租税 | 22.6 | 21.8 | 22.8 | 21.0 | 22.9 |
| 　うち一般消費税（A） | 5.0 | 5.8 | 6.9 | 6.3 | 7.5 |
| 社会保障負担 | 11.7 | 13.0 | 14.6 | 14.0 | 14.5 |
| 　合計（B） | 34.3 | 34.8 | 37.4 | 35.0 | 37.4 |
| 　（A）／（B） | 14.6 | 16.6 | 18.4 | 18.0 | 20.1 |

（出所）　OECD（2011）.

　ところで，ドイツの売上税の歴史は古く，もともとは第1次大戦の戦費調達のために1916年に導入された商品売上切手（Warenumsatztempel）が，第1次大戦後の1918年に売上税と名称を変え多段階課税の取引高税として導入されている。当初の税率は0.5％であったが，その後2％（1935年），3％（1946年），

4％（1951年）へと引き上げられ，1967年まで同税率で徴収されていた。この従来の売上税は，取引高税であるがゆえに課税累積による税負担増加という欠点をかかえていたこともあって，1968年には前段階税額控除を行い課税累積のない現行の付加価値税方式（Mehrwertsteuer, VAT）に転換され，現在に至っている[1]。そして現行の売上税（付加価値税）の税率は表３－２のように推移している。標準税率は1968年当初10％から1998年の16％へと１％刻みで徐々に引き上げられ，2007年には３％プラスして19％に上昇している。なお，食料品などに対する軽減税率は1968年当初の５％から1983年に７％に上昇して以来，その税率は現在まで据え置かれている。付加価値税は別名「歳入マシーン」とも称されるように，原則として国内のすべての消費支出を課税対象とするために課税ベースが極めて大きく，１％の税率アップでも政府にとっては大きな税収増効果が見込める。先にみた近年ドイツでの売上税収の比重増加とは，当然ながら上記のような売上税率の傾向的引上げによるものである。

表３－２　ドイツの売上税率の推移　（％）

| 実施年月 | 標準税率 | 軽減税率 |
| --- | --- | --- |
| 1968年１月 | 10 | 5 |
| 1968年７月 | 11 | 5.5 |
| 1978年１月 | 12 | 6 |
| 1979年７月 | 13 | 6.5 |
| 1983年７月 | 14 | 7 |
| 1993年１月 | 15 | 7 |
| 1998年４月 | 16 | 7 |
| 2007年１月 | 19 | 7 |

（出所）　BMF（2010），S.45.

さらに見逃せないのは，ドイツでは所得税や法人税の税率は，この間，売上税とは反対に，一貫して引き下げられてきたことである。個人所得税の最高税率でみると，1988年の56.0％から1990年53.0％，2001年48.5％，2004年45.0％，2005年42.0％へと引き下げられ，法人税率（留保所得）も1980年の56.0％から

---

1) Bach（2006），S.117-118.

1994年45.0%, 1999年40.0%, 2001年25.0%, 2008年15.0%へと引き下げられてきている[2]。この背景には周知のとおり, 1990年代以降の経済グローバル化, EU圏の拡大, 新興市場経済諸国の登場という経済環境の変化の中で, ヨーロッパ諸国での自国経済活性化と雇用確保をめざした所得税・法人税の税率引下げ競争がある。EU経済の中核国たるドイツにあっても, この租税競争への対応として所得税・法人税の税率引下げを大胆に行ってきたということである[3]。また2007年の改革 (後述) では, 失業保険率が6.5%から4.5%へと2.0%ポイント低下し, 年金保険料率が19.5%から19.9%へと0.4%ポイント上昇し, 社会保険料率全体では1.6%ポイントの引下げとなり労使双方の負担減少となるが, その見返りに売上税率は16%から19%に引き上げられることになった[4]。

このように近年のドイツでは課税ベースおよび税収確保の重点が徐々に「所得」から「消費」に移行しつつある。この点は表3－3で主要な租税および社会保障負担の構成比の推移からも確認できよう。個人所得税は1990年の27.6%から2009年の25.3%へと2.3%ポイント低下し, 法人所得税も1.2%ポイント低下し, 両者合計した所得課税は32.4%から28.9%に低下している。一方, 一般消費税 (売上税) は1990年の16.6%から2009年の20.1%へと3.5%ポイントも上昇し, 個別消費税と合わせた消費課税も同期間に25.8%から28.7%へと上昇して, 所得課税のシェアと拮抗するまでになっている。いずれにせよ21世紀に入ったドイツでは, 売上税という名の付加価値税が税収確保手段としてその重要性をますます高めてくることになったのである。

[2] BMF (2010), S.59-61. なおドイツの法人所得税には, 連邦・州の共同税たる法人税だけでなく, 市町村税たる営業税もある。
[3] 2000年代におけるドイツの所得税, 法人税の税率引下げの背景, 動向と問題については, 本書, 第1章, 第4章を参照のこと。
[4] Bach (2007), S.150.

第3章 売上税（付加価値税）の現状と改革案

表3-3 ドイツ主要税収の構成比 （％）

|  | 1990年 | 2000年 | 2009年 |
|---|---|---|---|
| 個人所得税 | 27.6 | 25.3 | 25.3 |
| 法人所得税 | 4.8 | 4.8 | 3.6 |
| （小　計） | (32.4) | (30.1) | (28.9) |
| 一般消費税 | 16.6 | 18.4 | 20.1 |
| 個別消費税 | 9.2 | 8.8 | 8.6 |
| （小　計） | (25.8) | (27.2) | (28.7) |
| 社会保障負担 | 37.5 | 39.0 | 38.7 |
| 合　計 | 100.0 | 100.0 | 100.0 |

（注）合計にはその他税も含む。
（出所）OECD（2011）.

　なおドイツの売上税は，連邦・州・市町村の共同税収であり，その配分比率は連邦53.37％，州44.63％，市町村2.00％（2009年時点）になっており，またその税収額は1,769億ユーロ（2009年）であった[5]。さらに表3-4で，各級政府の租税収入額（2009年）をみておこう。連邦は租税収入額2,778億ユーロのうち一般消費税（売上税）が958億ユーロで34.5％を占め，また州でも租税収入額1,919億ユーロのうち一般消費税が786億ユーロで40.9％も占めている。一

表3-4 ドイツの各級政府の租税収入（2009年）（100万ユーロ）

|  | 連　邦 | 州 | 地　方 |
|---|---|---|---|
| 個人所得税 | 97,385 | 88,710 | 37,829 |
| 法人所得税 | 7,280 | 8,205 | 16,420 |
| 不動産税 | − | − | 10,936 |
| 相続税・贈与税 | − | 4,550 | − |
| 金融・資本取引税 | − | 4,857 | − |
| 一般消費税 | 95,854 | 78,613 | 3,553 |
| 個別消費税 | 73,512 | 2,564 | 302 |
| 税収合計 | 277,834 | 191,904 | 69,407 |
| 税収に占める一般消費税の比率 | 34.5％ | 40.9％ | 5.1％ |

（注）合計にはその他税も含む。
（出所）OECD（2011），p.275.

5) BMF（2010），S.46.

方，地方（市町村）では租税収入額694億ユーロのうち一般消費税は35億ユーロで5.1％にしかすぎない。このように現代ドイツの売上税は，連邦政府および州政府にとっては極めて重要な税収項目になっているのである。

2）　国際比較からみたドイツの売上税

　次にドイツの売上税の現状ないし特徴を一般消費税（付加価値税）としてみた場合の国際比較をしておこう。まず表3－5は2005年時点でのドイツを含むヨーロッパ6カ国の付加価値税の概要・税収水準を示している。この表からはドイツ売上税の特徴として次の4点が指摘できよう。第1に，ドイツの標準税率16.0％は北欧諸国の25.0％に比べるとかなり低く，2005年時点では6カ国中最低水準にあった[6]。第2に，付加価値税における生活必需品への配慮や低所得者対策として，軽減税率やゼロ税率のしくみがある。ゼロ税率は付加価値税による価格上昇を完全に排除できるがゆえに，負担対策として効果は大きいが，その分，税収は少なくなる。ドイツではゼロ税率はなく，7％の軽減税率のみである。第3に，ドイツの付加価値税収のGDP比は6.2％であり，9～10％の北欧諸国よりは小さく，6～7％のフランス，イギリス，イタリア並みの水準にあるといってよいであろう。第4に，付加価値税による収入面の課税効率を示す指標としてVAT収入比率（VRR：VAT Revenue Ratio）がある。これは，【国民経済計算上の消費支出－付加価値税収額】×標準税率を分母に，【実際の付加価値税収額】を分子に，計算した数値である。当然ながら財・サービス供給での付加価値税の非課税扱い分野が小さいほど，また軽減税率やゼロ税率の範囲・規模が小さいほどにこのVAT収入比率は高くなる。上記6カ国の中では軽減税率のないデンマークが0.62で最も高いが，ドイツの0.54もスウェーデンの0.55と並んで比較的高い部類に入っているといえるであろう[7]。

---

　6）　ドイツ売上税の標準税率は2007年に19.0％引き上げられたが，近年のEU諸国の財政危機を背景に，イギリス，フランス，イタリアも税率引上げの予定であり，再び6カ国中では最低水準になる。

　7）　なお，軽減税率，ゼロ税率のない日本のVRRは0.72であり，OECD諸国の中でも高い部類に入る。OECD（2008b），p.69.

第3章　売上税（付加価値税）の現状と改革案

表3-5　ヨーロッパ諸国の付加価値税の状況（2005年）　（％）

|  | 標準税率 | 軽減税率 | ゼロ税率 | 税収のGDP比 | VRR |
| --- | --- | --- | --- | --- | --- |
| ドイツ | 16.0 | 7.0 | なし | 6.2 | 0.54 |
| フランス | 19.6 | 2.1, 5.5 | なし | 7.3 | 0.51 |
| イギリス | 17.5 | 5.0 | あり | 6.8 | 0.49 |
| イタリア | 20.0 | 4.0, 10.0 | あり | 6.0 | 0.41 |
| スウェーデン | 25.0 | 6.0, 12.0 | あり | 9.1 | 0.55 |
| デンマーク | 25.0 | なし | あり | 10.0 | 0.62 |

（出所）　OECD（2008b），pp.45, 48-49, 69.

　次に，売上税による逆進的負担の状況を国際比較でみてみよう。一般消費税は，①世帯所得水準に関わりなく消費支出に対して一定税率（比例税率）で課税されること，②低所得世帯ほど世帯所得に占める消費支出の割合が高いこと，ゆえに家計所得に対する一般消費税負担額の比率は，所得水準が低いほど高くなるという逆進的傾向がある。つまり一般消費税は，財政による所得再分配においては，逆に格差を拡大させる性質をもつのである。表3-6は，2004年前後におけるEU4カ国の財政による所得再分配の状況をジニ係数で示している。私的所得から可処分所得へのジニ係数の変化幅（A→C）が，社会保障による所得移転と所得税による所得再分配効果を示している。ドイツの数値は-0.120で，スウェーデン（-0.158），デンマーク（-0.155）にはやや及ばないものの，フランス（-0.112）と同程度に相当の格差是正効果を発揮している。そして，可処分所得から実質所得へのジニ係数の変化幅（C→D）は，一般消費税を含む消費課税による所得再分配効果を表している。なお，4カ国とも一般消費税は消費課税の7割程度を占めており，消費課税によるジニ係数変化の大半は一般消費税によるものと考えて問題はないであろう。ここでの数値は4カ国ともプラスであり，消費課税による実質的な所得格差拡大つまり逆進的負担の効果が読みとれる。ドイツの数値は+0.020であり，デンマーク（+0.038），スウェーデン（+0.030），フランス（+0.024）に比べると実質的な格差拡大の程度は相対的に小さいものの，逆進的負担の実態は見逃せない。

表3-6 EU 4カ国での財政による所得再分配の状況（ジニ係数の変化）

|  | ドイツ | フランス | スウェーデン | デンマーク |
|---|---|---|---|---|
| 私的所得（A） | 0.392 | 0.381 | 0.395 | 0.375 |
| 粗所得（B：A＋移転所得） | 0.315 | 0.284 | 0.276 | 0.264 |
| 可処分所得（C：B－所得課税） | 0.272 | 0.269 | 0.237 | 0.220 |
| A→C | －0.120 | －0.112 | －0.158 | －0.155 |
| 実質所得（D：C－消費課税） | 0.292 | 0.293 | 0.267 | 0.258 |
| C→D | ＋0.020 | ＋0.024 | ＋0.030 | ＋0.038 |
| 消費課税に占めるVAT比重 | 66％ | 67％ | 71％ | 64％ |

（注）　ドイツは2001年，他3カ国は2000年。
（出所）　Warren（2008），p.56より作成。

## 2　売上税負担の逆進性と軽減税率

### 1）　所得階層別の売上税負担

　前節でみたように，近年ドイツでは政府歳入調達手段としての売上税の役割が大きくなっているが，一方で売上税には，逆進的負担ゆえに実質的な所得格差を拡大させるという問題がつきまとっている。そこで本節では，所得階層別にみた売上税負担の状況から逆進的負担の実態を確認した上で，軽減税率による逆進性緩和の効果の状況をみておこう。そしてこれに関しては，RWI／FiFo（2007）とBach（2006）が，ドイツ連邦統計局『所得・消費抽出調査2003年』（Die Einkommens-Verbrauchsstichprobe 2003 des Statistischen Bundesamtes）の世帯個票データに基づき付加価値税（売上税）負担のマイクロ・シミュレーション分析を行っているので，その成果を参照しておきたい。まず表3-7は，2003年の所得十分位別にみた世帯等価可処分所得および消費支出額に対する付加価値税（売上税）の負担割合を表している。可処分所得に対する比率では，第1分位が10.3％と最も高く，所得分位が上がるにつれて負担率は傾向的に低下し，最高所得階層の第10分位では5.9％にすぎない。ドイツの付加価値税（売上税）における逆進的負担の状況は明らかであろう。一方，消費支出額に対する負担率は，第1分位9.5％から第10分位10.4％へとほぼ10％前後の水準に収

まっている。これは売上税が比例税率（2003年：標準税率16％，軽減税率7％）であるがゆえに，ある意味で当然の結果ではある。ただ，消費支出額に対する負担率が9.5％から10.4％へと極めて緩やかながらも累進的傾向を示していることに注目してもおきたい。これは，後述のように，低所得層ほど消費支出額に占める軽減税率対象品目（食料品など）への消費支出割合が高いからである。

表3-7　所得分位別にみた付加価値税の負担率（2003年）　　（％）

| 所得分位 | 等価可処分所得に対する負担率 | 消費支出額に対する負担率 |
| --- | --- | --- |
| 第1分位 | 10.3 | 9.5 |
| 第2分位 | 9.3 | 9.8 |
| 第3分位 | 8.9 | 10.0 |
| 第4分位 | 8.6 | 10.1 |
| 第5分位 | 8.5 | 10.1 |
| 第6分位 | 8.2 | 10.2 |
| 第7分位 | 7.9 | 10.2 |
| 第8分位 | 7.6 | 10.3 |
| 第9分位 | 7.2 | 10.4 |
| 第10分位 | 5.9 | 10.4 |

（出所）　Bach（2006），S.142-143.

次に，表3-8は中位所得世帯に対する相対所得水準による所得区分での付加価値税（売上税）の負担率と負担額（月額）を表している。同表においても負担率は最低所得層（40％未満層）の13.4％から所得水準とともに徐々に下がり最高所得層（400％以上層）では4.2％に低下しており，負担の逆進的実態は明らかである。なお，付加価値税（売上税）の負担金額（月額）そのものは最低所得層の80ユーロから最高所得層の462ユーロへと傾向的に増加しており，世帯所得水準の高い階層ほど付加価値税をより多く負担していることがわかる。これは，高所得層ほど消費支出額が大きいことを反映した当然の結果ではある。ただ，逆にいえば，付加価値税（売上税）の税率変更（軽減税率を含む）による負担の絶対額そのものは，増税であれ減税であれ高所得層ほどその影響ないし効果が大きくなることに注意する必要もあろう。

表3−8 付加価値税の負担率と負担額（2003年）

| 所得区分：中位所得に対する比率 | 負担率（％） | 負担額（月額）(ユーロ) |
|---|---|---|
| 〜40％ | 13.4 | 80 |
| 40〜60％ | 11.9 | 111 |
| 60〜80％ | 11.1 | 169 |
| 80〜100％ | 10.3 | 221 |
| 100〜120％ | 9.6 | 258 |
| 120〜140％ | 8.9 | 284 |
| 140〜160％ | 8.4 | 310 |
| 160〜180％ | 7.9 | 323 |
| 180〜200％ | 7.3 | 336 |
| 200〜400％ | 6.4 | 374 |
| 400％〜 | 4.2 | 462 |

(注) 負担率は等価可処分所得に対する付加価値税負担額の比率。
(出所) RWI／FiFo（2007），S.52.

　以上，表3−7，表3−8からはドイツの付加価値税（売上税）の2003年時点での負担の逆進的な実態を確認することができた。ところで，前述のように，ドイツでは2007年に売上税の標準税率を16.0％から19.0％に引上げ，社会保険料率を1.6％ポイント引き下げるという改革が実施された。この2007年改革による家計世帯所得に対する負担率の変化を，表3−9および表3−10によって所得階層別に確認しておこう。表3−9からは次の3点が指摘できよう。第1に，付加価値税（売上税）の税率上昇（16％→19％）のみのケースでは，全体平均で1.26％ポイントの負担率の増加であるが，第1分位1.68％ポイント〜第10分位0.97％ポイントと逆進的な負担率の増加になっている。第2に，売上税率引上げと社会保険料率の引下げを組み合わせた改革によれば，全体平均の負担率増加は0.41％ポイントと大幅に縮小されるが，第1分位1.26％ポイント〜第8分位0.24％ポイントまでの逆進的な負担率増加も残っている。第3に，社会保険料率引下げの効果（表3−9での差（A−B））を最も強く享受しているのは第4〜第9分位の中高所得層になっており，低所得層たる第1〜第2分位にはそれほどの負担率低下効果は働いていない。

第3章 売上税(付加価値税)の現状と改革案

表3-9 2007年改革による所得分位別の負担率変化 (%ポイント)

|  | 売上税率の3%引上げ,社会保険料は不変(A) | 売上税率の3%引上げ,社会保険料は引下げ(B) | 差(A-B) |
| --- | --- | --- | --- |
| 第1分位 | 1.68 | 1.26 | 0.42 |
| 第2分位 | 1.51 | 0.78 | 0.73 |
| 第3分位 | 1.45 | 0.55 | 0.90 |
| 第4分位 | 1.39 | 0.42 | 0.97 |
| 第5分位 | 1.38 | 0.42 | 0.96 |
| 第6分位 | 1.33 | 0.34 | 0.99 |
| 第7分位 | 1.29 | 0.29 | 1.00 |
| 第8分位 | 1.25 | 0.24 | 1.01 |
| 第9分位 | 1.19 | 0.28 | 0.91 |
| 第10分位 | 0.97 | 0.34 | 0.63 |
| 全体 | 1.26 | 0.41 | 0.85 |

(出所) Bach (2006), S.153より作成。

さらに,表3-10は2007年改革による負担率の変化を世帯種類別(職業)にみたものである。この表からは次の3点を指摘できる。第1に,民間企業のサラリーマンである「職員」と「労働者」はそれぞれ改革後の負担率はマイナス(-0.39%ポイントおよび-0.24%ポイント)になっており,売上税率引上げによる負担増加以上に,社会保険料率引下げによる恩恵が大きかったことがわかる。第2に,「職員」,「労働者」世帯の中でも,低所得層(第2分位)よりも高所得層(第9分位)の方が,負担率引下げのより大きな恩恵を受けている。

表3-10 2007年改革による世帯種類別の負担率の変化見込み (%ポイント)

|  | 全体 | 第2分位 | 第9分位 |
| --- | --- | --- | --- |
| 自営業 | 1.07 | 1.60 | 1.05 |
| 公務員 | 1.01 | 1.48 | 1.00 |
| 職員 | -0.39 | -0.15 | -0.46 |
| 労働者 | -0.24 | -0.14 | -0.39 |
| 失業者 | 1.33 | 1.39 | 0.84 |
| 金利・年金生活者 | 1.31 | 1.49 | 1.24 |
| その他非就業者 | 1.44 | 1.46 | 1.21 |
| 世帯全体 | 0.41 | 0.78 | 0.28 |

(出所) Bach (2006), S.157.

第3に,「自営業」,「公務員」,「失業者」,「金利・年金生活者」,「その他非就業者」世帯では,全体に社会保険料率引下げの恩恵は小さく,改革による負担率上昇は1.0～1.4％ポイントに達し,全体平均の負担率上昇（0.41％ポイント）を相当に超えている。

　以上のことから,2007年改革は売上税率引上げによる負担増を,社会保険料負担引下げによって負担調整を図ってはいるが,その恩恵の多くは中高所得層や,社会保険制度枠内にある正規勤労者世帯に集中しており,低所得世帯には売上税率上昇による負担増加効果がより大きかったといえよう。結果として,売上税負担での逆進性はより高まってきたと考えられよう。

### 2）売上税負担での軽減税率の効果

　ドイツの売上税には,同税が1968年に現行の一般消費税（付加価値税）の方式に転換した時から,標準税率と並んで軽減税率が設定されている（前掲,表3-2参照）。軽減税率は一般的には,①生活必需品の消費に対する売上税負担を抑制すること,②特に低所得層への売上税負担が過大にならないように配慮すること,③政府・社会が価値財と認める財・サービスへの消費者の需要が売上税負担によって縮小しないようにすること,などを理由に設定されている。ドイツの売上税での軽減税率の対象品目は,食料品,書籍,新聞・雑誌,植物・花,障害者向け器具,文化イベント,博物館・動物園・サーカス,地方公共交通等であり,その税率は1968年当初は5％であったが1983年以降7％になっている。なお,ドイツの売上税では各国の付加価値税と同様に,郵便,医療,教育,保険・金融,不動産賃貸・取引は非課税になっている[8]。

　そこで,売上税負担の逆進性を軽減税率がどの程度緩和しているかを確認しておこう。まず,表3-11は2003年における所得十分位別にみた可処分所得に対する消費支出（および貯蓄）の状況を示している。ここでは次の4点について注目すべきであろう。第1に,可処分所得に対する消費支出の割合は低所得層ほど高く,逆に貯蓄の割合は高所得層ほど高くなっている。第1～第2分位

---

8) OECD (2008b), pp.52-55.

第3章 売上税（付加価値税）の現状と改革案

では所得のほぼ100％を消費支出に当てているのに対して，第10分位では5割強にすぎない。第2に，生活必需品の中でも特に重要な食料品（飲料を含む）支出の割合も，低所得層ほど高くなっている。つまり，第1分位では所得の17％を占めるが，第10分位では5％にすぎない。第3に，可処分所得に対する売上税（付加価値税）課税対象支出の割合でみても，低所得層ほど高くなっている。第1～第4分位では70％以上，特に第1分位では87％にも達しているが，第10分位では47％にすぎない。第4に，軽減税率の対象支出は，当然ながら低所得層ほど高くなっており，第1分位では19％，第2分位では17％であるのに対して，第10分位は6％にすぎない。

表3-11 所得分位別にみた消費支出・貯蓄の状況（対可処分所得の比率：2003年）（％）

|  | 消費支出 |  |  | 貯蓄 | 付加価値税課税対象支出 |  |  |
|---|---|---|---|---|---|---|---|
|  | 総額 | うち食料品 | うち住宅費 |  | 標準税率 | 軽減税率 | 合計 |
| 第1分位 | 108.3 | 17.1 | 33.3 | -8.2 | 67.2 | 19.5 | 86.6 |
| 第2分位 | 95.1 | 14.4 | 26.3 | -0.6 | 61.1 | 16.8 | 77.9 |
| 第3分位 | 89.6 | 12.8 | 24.0 | 4.0 | 58.7 | 15.2 | 73.9 |
| 第4分位 | 84.9 | 11.7 | 22.8 | 6.4 | 56.7 | 14.1 | 70.8 |
| 第5分位 | 83.9 | 11.0 | 22.3 | 6.1 | 56.3 | 13.3 | 69.6 |
| 第6分位 | 80.1 | 10.0 | 21.2 | 8.7 | 54.5 | 12.1 | 66.6 |
| 第7分位 | 77.1 | 9.2 | 20.2 | 10.8 | 52.7 | 11.3 | 64.1 |
| 第8分位 | 73.3 | 8.1 | 19.0 | 11.8 | 51.0 | 10.2 | 61.2 |
| 第9分位 | 69.3 | 7.2 | 17.4 | 13.4 | 48.6 | 9.2 | 57.9 |
| 第10分位 | 56.5 | 4.9 | 14.1 | 23.8 | 40.0 | 6.7 | 46.7 |

（出所） Bach（2006），S.146.

そこで，表3-12をみてみよう。同表は軽減税率による売上税負担率の変化（低下）と負担軽減額（月額）を所得階層別に示したものである。ここからはまず，軽減税率による売上税負担率の低下は低所得層ほど大きいことが確認できる。中位所得層の40％未満層（最低所得層）では4.2％ポイント，同40～60％でも3.6％ポイントも負担率が低下しているのに対して，同200～400％層では2.0％ポイントの低下，400％以上層（最高所得層）では1.4％ポイントの低下に

すぎない。これは先の表3-11でみたように、食料品等の生活必需財をはじめ軽減税率対象支出の割合が低所得層ほど大きいことの、当然の反映でもある。ただ、他方で見逃せないのは、軽減税率による負担軽減額そのものは高所得層ほど大きくなっていることである。つまり、最低所得層（40％未満層）で25ユーロ、中位所得層（100～120層）で58ユーロに対して、最高所得層（400％以上）では160ユーロに達している。これは、軽減税率対象品目も含めて消費支出額そのものが高所得層ほど大きいことの当然の結果でもあるとはいえ、軽減税率による絶対的負担軽減額という恩恵は、高所得層ほど大きくなっているという事実には留意する必要があろう。

表3-12 所得階層別にみた付加価値税の軽減税率、非課税による負担軽減効果（2003年）

| 所得区分：中位所得に対する比率 | 負担率の低下（％ポイント） | 負担軽減月額（ユーロ） |
| --- | --- | --- |
| ～40％ | 4.2 | 25 |
| 40～60％ | 3.6 | 33 |
| 60～80％ | 2.8 | 43 |
| 80～100％ | 2.3 | 49 |
| 100～120％ | 2.2 | 58 |
| 120～140％ | 2.0 | 62 |
| 140～160％ | 1.9 | 71 |
| 160～180％ | 1.9 | 79 |
| 180～200％ | 2.0 | 90 |
| 200～400％ | 2.0 | 117 |
| 400％～ | 1.4 | 160 |

（出所） RWI／FiFo（2007），S.65.

## 3　軽減税率の廃止案　－Peffekoven構想－

前節でみたように売上税での軽減税率は、売上税の逆進的負担を緩和する機能を果たしてきている。ところが、こうした中で2009年に成立したキリスト教民主同盟・社会同盟（CDU／CSU）と自由民主党（FDP）の連立政権（メ

ルケル政権)においては,売上税の軽減税率廃止のあり方をめぐる議論が起きている。学界・研究者レベルでも,軽減税率廃止に関わる具体的な改革構想の提案や,その是非をめぐる議論と実証的検討が進められている[9]。中でもRolf Peffekoven(元・マインツ大学教授・同大学財政研究所長,連邦財務省学術顧問団メンバー)の軽減税率の廃止案は,その提案が大胆かつ単純であるがゆえに大きな反響と賛否を呼んでいる。そこで以下では,同氏の『付加価値税の改革に向けて —一般消費税への回帰—』[10]に依りつつ,その論拠とねらい,改革提案について整理しておこう。

まず,前提として,Peffekovenによる売上税改革の議論は,税収増つまり政府財政の赤字幅の縮小そのものを目的にしていない。売上税収は2009年で約1,800億ユーロにのぼるが,一方で軽減税率による減収も約200億ユーロ,非課税による減収も約150億ユーロある,という事実をふまえて彼は言う。「むしろ目的は,租税システムの簡素化によって競争上の中立性をより確保し,効率性を高めることにある。標準税率引上げを通じた考えうる財政赤字幅縮小を図る前に,—19%から25%への引上げも議論されているが—,国家は付加価値税における過少納税行為(Steuerhinterziehung)と租税補助金(Steuersubventionen)を解体すべきである[11]」,と。このようにのべた上で彼は,売上税の現行軽減税率について,基本的には2つの側面から問題視する。1つには,軽減税率は消費者の負担軽減を名目にしつつも,実際には特定分野・企業への補助金になりかねないこと。いま1つには,軽減税率は低所得層の負担軽減を名目にしつつも,実際には高所得層への便益が大きく,所得再分配政策として問題があること,である。

まず前者についてみていこう。彼は言う。「税率格差(軽減税率)によって,

---

9) 近年の売上税改革論,軽減税率廃止をめぐっては,Eggert, Krieger und Stöwhase (2010), Peffekoven (2010a), (2010b), Krause–Junk (2010), Brügelmann (2010), Hickel (2010) を参照されたい。
10) Peffekoven (2010a).同文書は,「新社会市場経済イニシアチブ」からの委託に基づく提言報告である。なお,Peffekoven (2009), (2011) も参照。
11) Peffekoven (2010a), Zusammenfassung.

特定の消費財が付加価値税についてより軽く課税される，とされている。しかしこのことは，財の供給者がその租税軽減分を最終消費者に対して完全に転送し，つまりその粗価格を租税優遇分だけ引き下げた時にのみ，うまくいくのである。もし財の供給者がそうしないのでれば，軽減税率による優遇は企業への補助金になってしまい，軽減税率の最終目的は達成できないのである[12]」，と。そしてこれについては，市場メカニズムの現実から次のようにものべている。「軽減税率の供与は消費者に（価値低下によって）有益となるべきものである。けれども大半の場合，このことは保障されていない。というのは，間接的な消費課税としての売上税は，企業領域において徴収されねばならないがゆえに，期待される効果は売り手企業が標準税率と軽減税率の差額分だけ粗価格を引き下げた時にのみ実現するからである。しかしこのことは税法上では規定されておらず，あくまで市場で決定される。企業にその気があるかどうか，あるいは―市場環境ゆえに―そうせざるをえないかどうかは，とりわけ需要の価格弾力性，競争状況，景気状況に依存している[13]」。

その上で，Peffekovenが特に重大視するのは，軽減税率は企業補助金化しているとすれば，特定の財・サービスへの軽減税率制度適用が特定の分野・企業への特別利益となり，市場競争での歪みを大きくしてしまうことである。「現行システムは「消費課税」の本来のモデルから逸脱している。多数の例外が競争上の歪みをもたらし，特定の財，分野，法人・団体が補助されている。かくして付加価値税は年月を経て，特殊利益の取扱いの関門になってしまった[14]」，と。

後者の，軽減税率の低所得者対策としての限界については，次のように言う。「たとえもし軽減税率によって価格引下げ効果が消費者へ及んだとしても，分配政策上の成果は不満足なままである。なぜなら，価格引下げの恩恵が本来それを全く志向していない高所得者にも行き渡ってしまうからである。価格は，

---

12) Peffekoven (2010a), S. 27.
13) Peffekoven (2010a), S. 39.
14) Peffekoven (2010a), Zusammenfassung.

第3章　売上税（付加価値税）の現状と改革案

需要と供給をコントロールする資源配分上の手段であり，分配政策の実現には原則として不適切なのである。低所得者や子持ち家計のために牛乳を軽減課税した場合，金持ちもその補助金つきの牛乳を飼い猫に与えることができてしまう。そうなれば，公的資金が浪費されてしまう。分配政策上の目標を追求しようとするならば，低所得者への移転支払いを行うこと，つまり客体助成の代わりに主体助成を進めるべきであろう。これによって，より目的に適合した働きと，公的資金の節約が可能になる[15)]」，と。

また，価値財としての特徴のある財・サービスの需要促進のための軽減税率適用は，資源配分上の理由から説明されているが，所得分配政策の点からは問題もある。「価値財（例えば，書籍，雑誌，文化施設利用）への追加的需要を，低所得者においても創り出すことは，軽減税率の目的の一つである。これが成功するかどうかを確認することは困難である。場合によっては，そうでなくてもすでにこれらの財を大規模に消費している，とりわけ高所得者が軽減税率を活用することになろう。つまり，価値財の分野においても，むしろ移転支出や教育施設への国家支出が推奨されるべきであろう[16)]」。

以上のように，現行の売上税の問題点を指摘した上でPeffekovenは具体的な改革案として，①非課税扱いを廃止する，②軽減税率を廃止する，③社会的な負担調整をより目的に合い，より効率的なものにする，④標準税率を現行の19％から16％に引き下げる，という4点を提起する。売上税の非課税扱いと軽減税率の廃止によって，当然ながら低所得者を中心に負担問題が発生するが，これについては，最低生活費の新たな算定の上で所得税の基礎控除引上げや生活保護費，子供手当，住宅手当など社会保障移転の引上げで対処する。そして，こうした社会的な負担調整の方が，より目的に合い，より効率的で，より経済的である，としている。他方，売上税の税収面でいえば，租税システムの

---

15) Peffekoven（2010a），S. 39. Copenhagen Economics（2007）はEU諸国のVAT軽減税率の比較実証分析を基に結論の1つとして，「ターゲットを絞った直接的な予算補助金の方が，VAT軽減税率よりもしばしばより安いコストでより良い効果を達成することができる」としている。(ibid, p. 4.)
16) Peffekoven（2010a），S. 39.

簡素化と標準税率への広範な統一化によって300～350億ユーロの増収が見込める。標準税率の16％への引下げのコスト（3％の税率低下による減収）は約240億ユーロであり，上記の財源は十分に確保できる。また非課税扱いの廃止によって，当該分野での売上税負担を補償するために社会保障制度への補助金増加が必要になるが，これも税収増から賄うことができる。その限りでは，この改革は財政赤字縮小政策への障害とはならない，という[17]。

ところで，この改革が実施されれば，生活必需品は従来より高く課税され，ぜいたく品はより低く課税されることになり，バランスがとれていないという批判はまぬがれない。こうした批判に対してPeffekovenは反論する。「ただし，そのような評価は，非課税や軽減税率の知られていない機能ゆえに，裏付けることはできない。実際には個々の事例が示すように，非課税の財・サービスでも「かくれた付加価値税」によって完全に賦課されているのであり，軽減税率も消費者での相当の価格引下げを決してもたらしていない。このように租税優遇が補助金として企業に与えられる限りでは，その廃止は消費者にとって負担にはなりえない[18]」，と。

そして，Peffekovenは同報告の最後において次のように全体的総括を行う。「ここに提案されている改革の最重要の成果は，消費を包括的につかみ，かつ消費のみに，しかも均一税率で課税するという一般消費税への回帰であろう。これは，より効率的でより簡素で，成長政策的にもより魅力的な課税に向けての説得力のある貢献になろう。加えて，付加価値税のしくみを使って表面上は消費者への利益のように見せながら，実際には特定分野への補助金を達成させてしまうことが，この改革によって将来的にはもはや可能でなくなることが明白になろう[19]。」

以上のようなPeffekovenの売上税改革構想とくに軽減税率廃止案は[20]，その提案内容が大胆であるだけに批判も呼んでいる。例えば，Hickel（2010）は上

---

17) Peffekoven（2010a），S. 14, 40-41.
18) Peffekoven（2010a），S. 40.
19) Peffekoven（2010a），S. 41.

記案について次の4点の理由をあげて批判している。第1に，軽減税率は低所得者の負担軽減を原則に，商品供給によって最低生活を保障するものであり，その廃止は付加価値税の逆進性をさらに強めてしまう。

第2に，軽減税率廃止による負担増加を個々の社会扶助引上げによって補償することは極めて問題である。例えば，牛乳への7％の軽減税率は，製品価格の低下によって確実に低所得者世帯への負担軽減となるが，社会扶助においては乏しい予算の場合に十分な牛乳が購入されるかどうか，という決定に左右されてしまう。

第3に，社会扶助による補償は安定的ではない。軽減税率の社会調整機能は製品に平等に固着しているのに対して，最低生活水準保障のための社会扶助引上げの如何は，不安定な日常政治に委ねられてしまう。つまり，「社会的な調整機能に基づいた論拠からではなく，一般的な財政事情が，これらの社会扶助を政治的オポチュニズムの取引材料にしてしまう。これとは反対に，差別的な付加価値税は，政治的にはかなり安定的なものとして見積もることができるのである。」

第4に，結局，Peffekoven構想は，長い転換期間ゆえに，とりわけ低所得者の個人消費の負担となる。これは，今日そうでなくとも輸出経済に比べて立ち遅れている国内市場をさらに悪化させ，成長の停滞と税収減をもたらしかねない。

以上を指摘した上でHickelは，「この改革提案の欠点は，とりわけ政治的リスクの付着する利点よりも明らかに大きい」と結論する[21]。

HickelによるPeffekoven構想批判は多岐にわたるが，特に重要な点は，①軽減税率廃止によって逆進性がさらに強化されてしまうこと，②同構想による低所得者向け対策の逆進性緩和の効果が不確実であること，の2点であろう。

---

20) Peffekovenは売上税での非課税扱いと軽減税率の廃止をともに求めているが，一方で，現行のEU法の下では，加盟国の軽減税率廃止は可能であっても，非課税扱い廃止は困難であることは認識している。Peffekoven (2010a), S. 40.
21) Hickel (2010), S. 589.

こうした中でBach（2011a, 2011b）は軽減税率廃止に伴うより具体的な低所得者対策を実証データに基づいて提起しており，興味深い。そこで次節ではこのS. Bachによる代替提案に注目してみよう。

## 4　軽減税率廃止と低所得者対策

### 1）　食料品軽減税率の存続案

　売上税軽減税率の対象は，生活必需品や価値財など多岐にわたるが，実際の税収内訳はどうなっているのであろうか。例えば，2010年の売上税収は約1,800億ユーロであるが，そのうち標準税率による税収が1,670億ユーロである[22]。一方，表3-13によれば同年の軽減税率による税収減少分は総額230億ユーロであり，その対象品目・サービス別の税収減少分内訳をみると，食料品が170

表3-13　付加価値税の軽減税率による税収減少分内訳
（2010年）　　　　　　　　　（100万ユーロ）

| 対象品目・サービス | 税収額 |
| --- | --- |
| 食料品（牛乳，水道水を含む） | 17,000 |
| 宿泊サービス | 945 |
| 歯科技工サービス | 415 |
| 文化・娯楽サービス | 1,815 |
| 近距離公共交通 | 830 |
| 車椅子，肢体補助具 | 395 |
| 公益・慈善・教会施設 | 250 |
| 園芸生産 | 730 |
| ペット飼料 | 300 |
| 芸術品，収蔵品 | 115 |
| その他 | 205 |
| 合　計 | 23,000 |

（注）　連邦財務省資料による。
（出所）　Bach（2011a），S.4.

---

22）　Bach（2011a），S.4.

第3章 売上税（付加価値税）の現状と改革案

億ユーロ，74％で圧倒的比重を占めている。次いで，文化・娯楽サービス18億ユーロ（8％），宿泊サービス9億ユーロ（4％），近距離公共交通8億ユーロ（3％），等となっている。いずれにせよ税収面（負担面）からは軽減税率の役割はとりわけ生活必需品たる食料品において発揮されていることが確認できる。

さて，Bach（2011a，2011b）はドイツ連邦統計局『所得・消費抽出調査2008年』の世帯個票データに基づき，所得十分位別にみた売上税（付加価値税）負担に関連したマイクロ・シミュレーション分析を行っているので，その成果を参考にしてみよう。

まず表3－14は，2008年における所得十分位別にみた可処分所得に対する売上税（付加価値税）負担率とその標準税率分と軽減税率分の内訳である。同表からは次の3点が指摘できよう。第1に，第2節で2003年時点の負担率で確認したように，2008年においても売上税の負担の逆進性は明瞭である。第1分位の11.83％から所得水準の上昇とともに負担率は低下しており，第10分位では6.31％になっている。

表3－14　所得分位別にみた付加価値税負担率の内訳（2008年）　　（％）

|  | 合計負担率(A) | 標準税率分 | 軽減税率分(B) | B／A |
|---|---|---|---|---|
| 第1分位 | 11.83 | 10.38 | 1.45 | 12.2 |
| 第2分位 | 10.30 | 9.11 | 1.19 | 11.5 |
| 第3分位 | 10.01 | 8.92 | 1.08 | 10.8 |
| 第4分位 | 9.64 | 8.64 | 1.00 | 10.4 |
| 第5分位 | 9.28 | 8.35 | 0.93 | 10.0 |
| 第6分位 | 8.90 | 8.04 | 0.86 | 9.7 |
| 第7分位 | 8.61 | 7.79 | 0.81 | 9.4 |
| 第8分位 | 8.14 | 7.40 | 0.74 | 9.1 |
| 第9分位 | 7.70 | 7.03 | 0.67 | 8.7 |
| 第10分位 | 6.31 | 5.80 | 0.51 | 8.1 |
| 全体 | 8.35 | 7.55 | 0.80 | 9.6 |

（出所）　Bach（2011a），S.5.

第2に，売上税負担率に占める軽減税率分のシェアは低所得層ほど大きいことである。そのシェアは負担率と同様に，第1分位が12.2％で最も高く，所得

水準とともに低下して第10分位では8.1％になっている。これは，生活必需品などは税率軽減されているとはいえ，低所得者ほど所得に占める生活必需品支出額が大きいことを反映している。

第3に，標準税率分に比べて軽減税率分の方が逆進的性格の強いことである。第10分位に対する第1分位の負担率で比較すると，標準税率では1.8倍（11.83％：6.31％）であるのに軽減税率では2.8倍（1.45％：0.51％）にも達している。そうなる理由は上記と同様に，低所得者ほど所得に占める生活必需品（軽減税率対象品目・サービス）支出の割合が高くならざるをえないからである。

いずれにせよ，売上税負担において軽減税率の位置とその果たす役割は低所得者ほど大きいことは明らかであろう。それでは，Peffekoven構想のように軽減税率を実際に廃止した場合には，売上税負担にどのような変化が表れるのであろうか。表3-15は軽減税率廃止に伴う所得分位別の負担率増加を対象品目・サービス別に示したものである。第1に，負担率上昇は全体平均が1.36％ポイントであるが，第1分位では2.45％ポイントと最も高く，所得水準とともに低下して第10分位では0.85％ポイントにすぎない。軽減税率廃止による負担

表3-15 軽減税率廃止による所得分位別・対象品目別の負担増加率（2008年） （％）

|  | 食料品 | 公共交通 | 文化・娯楽サービス | 宿泊サービス | その他 | 合計 |
|---|---|---|---|---|---|---|
| 第1分位 | 1.98 | 0.12 | 0.19 | 0.03 | 0.13 | 2.45 |
| 第2分位 | 1.58 | 0.10 | 0.18 | 0.04 | 0.13 | 2.02 |
| 第3分位 | 1.39 | 0.08 | 0.18 | 0.04 | 0.15 | 1.83 |
| 第4分位 | 1.26 | 0.07 | 0.17 | 0.05 | 0.15 | 1.69 |
| 第5分位 | 1.15 | 0.06 | 0.17 | 0.05 | 0.15 | 1.57 |
| 第6分位 | 1.04 | 0.05 | 0.16 | 0.05 | 0.15 | 1.45 |
| 第7分位 | 0.97 | 0.05 | 0.16 | 0.06 | 0.14 | 1.37 |
| 第8分位 | 0.86 | 0.05 | 0.15 | 0.06 | 0.13 | 1.25 |
| 第9分位 | 0.74 | 0.05 | 0.15 | 0.07 | 0.13 | 1.13 |
| 第10分位 | 0.50 | 0.04 | 0.13 | 0.07 | 0.11 | 0.85 |
| 全体 | 0.96 | 0.06 | 0.15 | 0.06 | 0.13 | 1.36 |

（出所） Bach（2011a），S.5.

率増加は低所得者ほど顕著になることは明らかである。第2に，負担率増加において軽減税率対象品目の中でも特に食料品の比重が大きい。食料品による負担増加は0.96％ポイントであり，全体の増加1.36％ポイントの約7割を占めている。第3に，同時に重大なのは，負担率増加の中で食料品の占める比重は低所得層ほど高いことである。ちなみにその比重は第1分位で81％，第4分位で74％であるが，第8分位では68％，第10分位では59％に低下している。以上のことから，軽減税率廃止による負担率増加という影響は，低所得層ほど大きく，かつその原因の大半は食料品での軽減税率廃止によるものであることがわかる。

このことをふまえてBach（2011a）では，軽減税率廃止による低所得者の負担率増加を最小限にするための一方策として，①軽減税率廃止の対象から食料品を除くこと，つまり食料品のみ軽減税率を維持すること，②それに伴う税収減を補うために標準税率引下げを3％（19％→16％）ではなく1％（19％→18％）にする，という修正案を示す。表3-16は，Peffekoven構想による改革（軽減税率全廃，標準税率16％）と，上記修正案による所得十分位別の負担率変化を比較したものである。当初の改革案では第7～第10分位の高所得層では

表3-16 付加価値税改革案と修正案による所得分位別負担率の変化（2008年）（％）

|  | 改革案 | 修正案 |
|---|---|---|
| 第1分位 | 0.46 | －0.03 |
| 第2分位 | 0.28 | －0.01 |
| 第3分位 | 0.16 | 0.00 |
| 第4分位 | 0.10 | 0.01 |
| 第5分位 | 0.05 | 0.01 |
| 第6分位 | 0.01 | 0.02 |
| 第7分位 | －0.02 | 0.02 |
| 第8分位 | －0.05 | 0.03 |
| 第9分位 | －0.09 | 0.05 |
| 第10分位 | －0.11 | 0.07 |
| 全体 | 0.01 | 0.03 |

（注） 改革案：軽減税率廃止，標準税率16％。
　　　案：食料品のみ軽減税率，標準税率18％。
（出所） Bach（2011a），S.7-8。

負担率の若干の低下がみられるのに対して,第1～第6分位では負担率上層となり,特に低所得層の負担率上昇（0.28～0.46％ポイント）が目立つ。一方,修正案によれば,全所得分位において負担率の変化は小さく,むしろ逆に低所得層ほど負担率の上昇は軽微かつ若干の低下もみられることになる。先述のように,改革案（Peffekoven構想）では,低所得者対策としては社会扶助給付の引上げ等で対処するという方針を示しているが,その政治的実行可能性の問題は別にしても,純粋に売上税負担率だけでみるならば,低所得者対策としては修正案の方がより効果的であるといえよう。

## 2） 付加価値税給付金（VAT-Bonus）案

さらにBach（2011b）では,軽減税率廃止による世帯の売上税負担の増加を一部ないし全部を相殺するために,各世帯への直接給付たる付加価値税給付金（VAT-Bonus）を提案し,その効果を試算している。この給付金のしくみの概要は以下のとおりである。

①給付金額を算定する基礎は,所得下位10％（第1分位）世帯が改革後（軽減税率全廃,標準税率16％）に負担する年間平均付加価値税負担額に相応する額とする。②実際の世帯タイプ別の給付金額は,単身者1,245ユーロを基本に,家族人数・子供年齢に応じた係数を乗じて計算し,夫婦（子供なし）1,868ユーロ,夫婦（子供2人,14歳未満）2,615ユーロ,等となる（表3-17参照）。③所得下位25％の世帯（年間の世帯等価所得15,120ユーロ）までは上記モデル給付金を全額支給し,同所得水準を超える世帯については所得超過分の10％を給付金から削減していく。結果的に,単身者世帯で27,500ユーロ,夫婦・子供2人世帯で46,250ユーロまでの等価所得水準の世帯（第9分位に相当）までは何らかの額の給付金を支給される[23]。

つまり,この①②によって,所得下位10％世帯は売上税による負担をほぼ完全に相殺されることになる。また,③によって低所得者世帯ほど給付金が多く,高所得層ほど給付金が少なくなるため,売上税負担と給付金効果を総合すれば,

---

23) Bach（2011b）, S.14-15.

逆進性は相当に緩和されることが期待できる。

ただ，上記のように計算すると給付金総額は約440億ユーロになるが，他方で，軽減税率廃止による売上税増収予想は約190億ユーロ（標準税率16%）にすぎない。そこで収入中立の改革を前提にすれば，給付金総額の規模を190億ユーロに縮小して，各世帯への支給額も比例配分で43%（190／440）に縮小する必要がある（ケースⅠ）。また，給付金総額を満額で支給し，かつ収入中立とするためには，標準税率は25%に引き上げる必要がある（ケースⅡ），という[24]。

**表3-17 世帯タイプ別の付加価値税負担額（年間：2008年）と想定する付加価値税給付金額**

(ユーロ)

| 世帯タイプ | 付加価値税負担額（年間） | 想定する付加価値税給付金 |||
|---|---|---|---|---|
| | | 子なし | 子（14歳未満） | 子（14歳以上） |
| 単身者 | 1,197 | 1,245 | — | — |
| 片親（子1人） | 1,717 | — | 1,619 | 1,868 |
| 片親（子2人以上） | 2,365 | — | 1,992 | 2,490 |
| 夫婦（子なし） | 2,012 | 1,868 | — | — |
| 夫婦（子1人） | 2,426 | — | 2,241 | 2,490 |
| 夫婦（子2人） | 2,821 | — | 2,615 | 3,113 |
| 夫婦（子3人以上） | 3,618 | — | 2,989 | 3,376 |

（出所）Bach（2011b），S.15.

そして表3-18は，現行売上税制（標準税率19%，軽減税率7%），改革後（軽減税率廃止，標準税率16%），ケースⅠ（改革案＋VAT給付金の部分支給），ケースⅡ（標準税率25%＋VAT給付金の完全支給）による，それぞれの所得分位別の売上税負担率（VAT給付金効果を含む）を示している。改革後に売上税の逆進性が強化されるのは先の表3-16と同様である。一方，税収増分だけ付加価値税給付金を支給するケースⅠでは，改革案に比べて第1～第5分位までは負担率がかなり低下し，第7～第10分位までに負担率が若干上昇して，各所得分位の負担率は8%前後になり，結果的に比例的負担に近くなっている。他方，付加価

---

[24] Bach（2011b），S.16-17.

値税給付金を完全支給するケースⅡでは，当然ながら第1分位の負担率はゼロとなり，その後所得分位が上がるほど負担率が上昇して，第9分位で10.4%，第10分位で9.3%となり，ほぼ累進的負担の構造になっている。

このように軽減税率を廃止して簡素化した売上税（付加価値税）であっても，世帯所得に応じた付加価値税給付金を支給することによって，売上税の逆進性を相当に緩和したり，さらに累進的な負担構造に転換させることも可能であることを，上記の試算は示している。ただ，公平かつ公正な給付金支給を実施するためには，何よりもまず全世帯の正確かつ確実な所得把握が前提になる。しかし，それにはまた，そのための追加的行政コストや市民・世帯の側での法令遵守コストの増加も避けられないであろう[25]。

表3-18　改革による付加価値税負担率の変化（2008年）　　（%）

|  | 現行税制：<br>標準税率19%<br>軽減税率7% | 軽減税率の廃止 |  |  |
|---|---|---|---|---|
|  |  | 標準税率16% | 標準税率16%<br>VAT給付金<br>（一部支給） | 標準税率25%<br>VAT給付金<br>（完全支給） |
| 第1分位 | 11.8 | 12.3 | 8.2 | 0.0 |
| 第2分位 | 10.3 | 10.6 | 8.1 | 3.2 |
| 第3分位 | 10.0 | 10.2 | 8.4 | 5.0 |
| 第4分位 | 9.6 | 9.7 | 8.7 | 6.5 |
| 第5分位 | 9.3 | 9.3 | 8.9 | 7.7 |
| 第6分位 | 8.9 | 8.9 | 8.9 | 8.5 |
| 第7分位 | 8.6 | 8.6 | 9.0 | 9.2 |
| 第8分位 | 8.1 | 8.1 | 8.9 | 9.8 |
| 第9分位 | 7.7 | 7.6 | 8.7 | 10.4 |
| 第10分位 | 6.3 | 6.2 | 7.2 | 9.3 |
| 全体 | 8.3 | 8.4 | 8.3 | 8.1 |

（注）　可処分所得に対する付加価値税負担率。
（出所）　Bach（2011b），S.16.

---

25）　Bach（2011b），S.17.

## おわりに

　売上税において軽減税率を廃止するというPeffekoven構想は，何よりも課税の効率性や経済的中立性を重視しつつ，課税の重心を「所得」から「消費」にシフトさせようとする新自由主義的な租税理念を前面に出した改革論である。これに対して，Bachによる修正案やVAT給付金案は，売上税における効率性を強めつつも公平性も担保しようとする試みであり，政治的実現可能性は別にしても興味深い提案であろう。

　ただし，軽減税率廃止案にしろVAT給付金案にしろ，基本的には売上税率を引き上げてドイツ財政の消費課税への依存体制を強めていく方向には変わりがない。これに対して，現代ドイツでの非正規雇用の増加（ミニ・ジョブ）や所得格差拡大傾向をふまえて，そもそもこうした逆進的な間接税，消費課税へのシフトを根本的に批判し，所得税の累進課税強化や法人利潤への課税強化，富裕者への財産税の導入を主張する議論も，他方では存在している[26]。こうなると，単に売上税をどのように制度設計するかという問題にとどまらず，グローバル経済時代でのドイツ財政の健全化や福祉国家財源をどこに求めるべきかという，より大きな課題にもなろう。

---

26) Bontrup（2011），Liebert（2011）．

# 第4章

## 2008年企業税制改革
―グローバル化と企業課税―

## はじめに

　近年の経済グローバル化とともに各国で企業税率の低下が進んでいる。ドイツは日本やアメリカと並んで国際的には企業税率水準の高い国であったが、2008年企業税制改革によって企業税率を39％から29％へと大幅に低下させることになり、EU（新規加盟国を除く）内でも中位水準になった。ドイツでは2001年改革ですでに法人税率を40％から25％に引き下げていたが、あくまで国（連邦と州）レベルでの税制改革にとどまっていた。2008年改革では、法人税だけではなく市町村税である営業税も取り込んでおり、ドイツにおける抜本的な企業税制改革になっている。そこで本章では、この2008年企業税制改革が、経済グローバル化の中でのドイツの経済・財政のいかなる状況を背景にして構想されたのか、また改革のねらいや具体的内容はいかなるものであるかを、検討していくことにしたい。

　本章の構成は以下のとおりである。第1節では、国際的な企業課税の現状の中でドイツの特徴や企業利潤の課税捕捉もれ問題など、企業税制改革の背景を明らかにする。第2節では、企業経営のグローバル化の中での企業利潤の国外流出の実態と、グローバル化を擁護するドイツ経済界の主張を検討する。第3節では、2008年企業税制改革への連邦政府・財務省の問題意識とねらい、改革の具体的内容を整理する。第4節では、この改革に対する連邦財務省と自治体サイドの評価を整理する。

## 1 企業課税の現状と課題

　1980年代以降から2000年代にいたる今日まで，各国の法人税など企業利潤に対する税率は傾向的に低下してきている。この背景としては大きくみると2つの要因があげられる。1つの要因は新自由主義的イデオロギーの浸透である。つまり，経済活性化のためには生産性の高い企業や個人にその活力を十分に発揮してもらうことが重要であり，そのためにはその阻害要因になりかねない法人税や所得税の税率をできる限り低くする必要があるということである。そしていま1つの要因は，経済，特に企業活動のグローバル化である。企業，特に多国籍企業は，国民経済の枠にとらわれず市場・労働力・資源・税制・社会資本などで有利な条件を求めてグローバルに活動するようになった。逆に言えば，各国にとっては，企業の経済活動（本支店・事業所の開設，融資・資本参加，工場の新規投資，等）をいかに自国に引きつけるかが，当該国の経済成長や雇用・所得の確保にとって重要になってきたのである。そうした中で各国の政府は，法人税率の引下げや各種優遇措置の導入など，税制面において企業活動にとって有利な条件を整備するようになった。いわば企業活動をめぐって世界的な「租税競争」が開始されたのである。そして，1990年代以降になると東欧諸国・ロシア・中国などが新興諸国として資本主義的市場経済に参入し，この「租税競争」はまさにグローバルに展開されるようになった。

　この点を表4－1によって確認してみよう。同表は日本・ドイツを含めたOECD主要16カ国とハンガリーなど新EU加盟10カ国における，企業税率の変化と企業税収のGDP比の推移をみたものである。なお，ここでの企業税とはいわゆる法人所得税であり，国レベルの法人税のほか地方法人税も含まれている。

　まず企業税率に着目すると，OECD主要諸国の平均税率は1982年の49％から2005年には31.6％へと大幅に低下している。また新EU加盟10カ国の平均税率は1995年の30.6％から2005年の20.6％へとさらに低い水準に低下している。新

興諸国の低税率に引っ張られるような形で,世界的に企業税率が低下してきたことが確認できよう。

表4-1 各国の企業税率と企業税収(対GDP比)の推移 (%)

|  | 名目企業税率 ||| 企業税収(対GDP比) ||
|---|---|---|---|---|---|
| OECD | 1982年 | 2001年 | 2005年 | 1982年 | 2003年 |
| オーストリア | 61 | 34 | 25 | 1.2 | 2.2 |
| ベルギー | 45 | 34 | 34 | 2.2 | 2.9 |
| カナダ | 45 | 34 | 36 | 2.5 | 3.5 |
| フィンランド | 60 | 29 | 26 | 1.5 | 3.5 |
| フランス | 50 | 35.4 | 33.8 | 2.1 | 2.2 |
| ドイツ | 62 | 38.7 | 38.7 | 1.6 | 1.9 |
| ギリシャ | 42 | 35 | 32 | 1 | 3.3 |
| アイルランド | 50/10 | 28/10 | 12.5 | 1.7 | 3.8 |
| イタリア | 39 | 40.3 | 37.3 | 3 | 3.7 |
| 日本 | 52 | 41 | 39.5 | 5.1 | 3.3 |
| オランダ | 48 | 34.5 | 31.5 | 2.9 | 3.2 |
| ポルトガル | 55 | 27.5 | 27.5 | 2.5 | 3.2 |
| スペイン | 33 | 35 | 35 | 1.1 | 3.3 |
| スウェーデン | 60 | 28 | 28 | 1.6 | 2.4 |
| イギリス | 52 | 30 | 30 | 3.8 | 2.7 |
| アメリカ | 50 | 39 | 39 | 2 | 2.1 |
| OECD平均 | 49 | 33.4 | 31.6 | 2.2 | 2.9 |
| 新EU 10カ国 | 1995年 | 2001年 | 2005年 | 1995年 | 2003年 |
| キプロス | 25 | 28 | 10 | 4.3 | 4.4 |
| チェコ | 41 | 31 | 26 | 4.6 | 4.6 |
| エストニア | 26 | 26 | 24 | 2.4 | 1.7 |
| ハンガリー | 19.6 | 19.6 | 17.5 | 1.9 | 2.3 |
| ラトビア | 25 | 25 | 15 | 1.8 | 1.5 |
| リトアニア | 29 | 24 | 15 | - | 1.4 |
| マルタ | 35 | 35 | 35 | 2.7 | 4.7 |
| ポーランド | 40 | 28 | 19 | - | - |
| スロヴァキア | 40 | 29 | 19 | - | - |
| スロヴェニア | 25 | 25 | 25 | 0.5 | 1.9 |
| 10カ国平均 | 30.6 | 27.1 | 20.6 | 2.6 | 2.8 |

(出所) Haufler (2007), S.11.

一方，GDPに対する企業税収の比率は，企業税率の低下にもかかわらず大半の国で上昇している。OECD主要国平均では1982年の2.2％から2003年の2.8％へ，新EU加盟10カ国平均では1995年の2.6％から2003年の2.8％へと上昇しているのである。このように企業税率の低下にもかかわらず企業税収の対GDP比が上昇してきた理由として一般的には，所得税の対象となる人的会社（個人会社，合名会社，合資会社）から法人税の対象となる資本会社（株式会社など）への転換が少なからずあったこと，法人税の課税ベースとなる企業利潤そのものが増大したこと，などが考えられよう[1]。

　ところで表4－1でドイツに着目すると，2つの特徴的なことが指摘できる。1つは，名目企業税率ではドイツはこれまで常に高位水準にあったことである。1982年にはドイツの企業税率は62％で表に計上されたOECD諸国の中では最高である。ただこの時期は経済グローバル化が本格化する以前であり，ドイツ以外にも50～60％水準の国もあり，ドイツがOECD諸国内で極端に高いということではなかった。しかしその後，各国が企業税率を低下させる中で，ドイツの企業税率は2001年および2005年で38.7％であり，相対的に高い企業税率を維持してきている。この点は図4－1を見るとより分かりやすい。OECD諸国平均およびEU諸国平均が1980年代後半以降，企業税率を持続的に低下させてきた中で，ドイツの企業税率（留保利潤）の低下はかなり後追い的である。特にOECD平均およびEU平均では1990年前後には企業税率は40％水準を切っていたのに，ドイツが40％を切るのはようやく2000年代に入ってのことであった。

　そしていま1つのドイツの特徴は，企業税収の対GDP比が国際比較でみると低いことである。ドイツの水準は1982年は1.6％で表4－1のOECD 16カ国の中では11位，2003年は1.9％で最下位である。つまりドイツは他国と比べると企業税率は高いにもかかわらず，経済活動規模（GDP）に相応した企業税収を徴収することができていない，ということになる。ここから現代ドイツ税制の特徴として「高い企業税率」と「低い企業税収」ということも指摘できよう。

---

1) Haufler (2007), S.12.

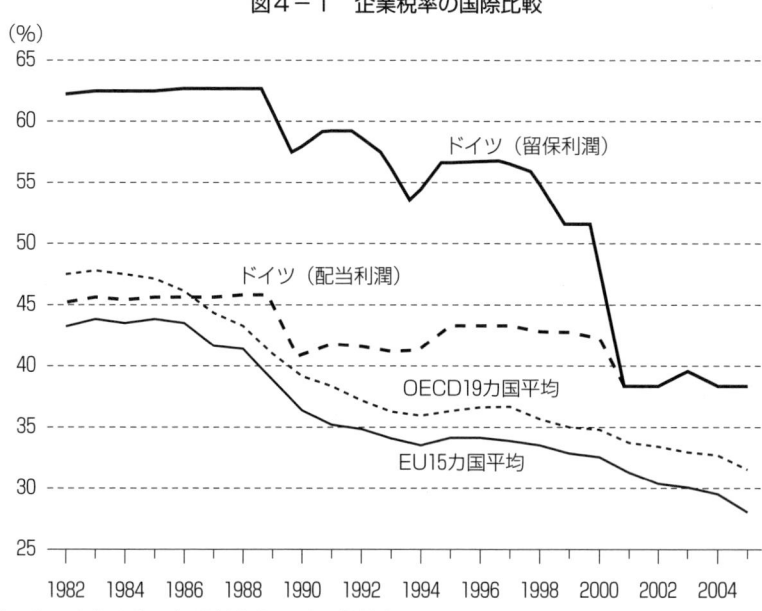

図4-1 企業税率の国際比較

(注1) 地方政府の収益税を含んだ企業税率。
(注2) ドイツの2001年以降は，留保分・配当分の統一税率。
(注3) OECD19カ国平均とは，オーストラリア，日本，カナダ，ノルウェー，スイス，アメリカの6カ国と，EU15カ国からデンマーク，ルクセンブルクを除いた13カ国。
(出所) Bach und Dwenger (2007), S.63.

　ただ注意すべきは，表4-1で利用しているOECD資料 (Revenue Statistics) では，ドイツでの企業租税負担が実際より小さく表示されていることである。つまりOECD資料で比較されているのは株式会社など資本会社の法人所得税負担であり，ドイツに関しては資本会社の法人税（連邦・州税）と営業税（市町村税）が計上されている。しかし現代ドイツ企業の特色として，資本会社 (Kapitalgesselschaft) だけでなく，中小企業を中心にして個人企業・合名会社・合資会社など人的企業 (Personenunternehmen) が雇用・売上においても重要な役割を演じていることである[2]。その意味では，ドイツの企業租税負担全体を

---

2) 2005年時点でのドイツ企業総数303.6万社の内訳は，人的企業251.4万社 (82.8%),

とらえるには，法人税・営業税に加えて人的企業への所得税も考慮に入れた方がより正確なものとなろう[3]。表4-2はその試算をしたものである。これによればドイツの企業課税収入のGDP比は1992～2005年において2.2～3.0％の水準になり，先の表4-1の水準よりも若干は上昇する。とはいえ全体としてみるならば，ドイツの企業課税は高い名目税率にもかかわらずそれほど多くの税収をあげてえていない，という事実は否定できないであろう。

表4-2　ドイツの企業税収の推移　　　（億ユーロ）

|  | 1992年 | 1995年 | 1998年 | 2001年 | 2005年 |
| --- | --- | --- | --- | --- | --- |
| 営業税 | 202 | 185 | 223 | 209 | 285 |
| 法人税 | 184 | 190 | 274 | 175 | 245 |
| 所得税 | 71 | 80 | 91 | 73 | 74 |
| 合　計 | 457 | 456 | 589 | 458 | 604 |
| GDP比 | 2.8% | 2.5% | 3.0% | 2.2% | 2.7% |

（注）　営業税からは個人企業分を除外してある。所得税・法人税には連帯付加税も含む。2001年までは決算，2005年はDIWの見積り。
（出所）　Bach und Dwenger（2007），S.61.

それではドイツの企業税収が十分に伸びない原因はどこにあるのであろうか。新自由主義的ないし供給派経済学的に単純に考えると，ドイツの法人税・営業税など企業利潤に対する税率が高いがために，企業活力を阻害しその結果企業利潤そのものが低迷しているからだ，となるかもしれない。しかしドイツ経済の現実をみると，1990年代後半以降のEU全体の景気上昇過程の中でドイツ企業の利潤は今日まで着実に上昇してきているのである。むしろ近年のドイツで問題にされているのは，好調な企業利潤をドイツの税制が十分に捕捉できていないという事実なのである。この点はベルリン・ドイツ経済研究所（DIW・Berlin）の試算による資料（表4-3）が興味深い事実を示している。

---

　資本会社47.1万社（15.5％），その他5.0万社（1.7％）である。そして，人的企業では個人企業213.0万社（70.2％），合名会社26.1万社（8.6％），合資会社12.1万社（4.0％），資本会社では株式会社0.7万社（0.2％），有限会社45.2万社（14.9％），等である（BMF, 2007g, S.36.）。
　3）　Bach und Dwenger（2007b），S.59-62, BDI（2006），S.23-25.

表4−3 企業利潤の推計　　　　　　　　　　　（億ユーロ）

|  | 1992年 | 1995年 | 1998年 | 2001年 |
|---|---|---|---|---|
| 国民経済計算による企業利潤（A） | 1,780 | 2,199 | 2,899 | 3,102 |
| 租税統計による企業利潤（B） | 1,131 | 1,418 | 2,158 | 2,136 |
| うち人的会社 | 541 | 596 | 886 | 992 |
| 資本会社 | 590 | 821 | 1,272 | 1,144 |
| 差（A−B） | 649 | 782 | 741 | 966 |

（出所）　Bach und Dwenger（2007），S.65.

　同表によれば国民経済計算でのドイツの企業利潤総額は，1992年の1,780億ユーロから2001年の3,102億ユーロへと着実に増加してきたことがわかる。他方で，ドイツの租税統計に表れる企業利潤つまり法人税や所得税の課税対象として捕捉されている企業利潤（資本会社・人的会社）の総額は，1992年で1,131億ユーロ，2001年で2,136億ユーロという水準にある。これから分かることは，国民経済計算で確認できる企業利潤のうち課税されているのは3分の2程度であり，残り3分の1は捕捉されていないということである。そしてさらに重大なことは，このギャップつまり企業利潤のうち企業課税に捕捉されない総額が，1992年の649億ユーロから2001年には966億ユーロ（GDPの約5％）へと拡大していることである。以上の事実からは，企業税収GDP比でのドイツの相対的低さの要因については，企業利潤を税制面において十分に捕捉できていないという問題が大きいことになろう[4]。

　さて，ドイツにおいてこのように本来の企業利潤に比べて課税ベースの利潤が縮小されている主要な要因としては，税制上の各種優遇措置（Steuervergünstingungen）や企業の合法的租税操作（Gestaltungsmöglichkeiten）によって，課税利潤が低く評価されたり外国に移転されたりしているからではないか，ということも指摘されている[5]。そして，特に近年の経済グローバル

---

[4] 課税されない企業利潤の半分程度（GDP比2.5％）を新規に捕捉して，税率40％（法人税・営業税）で課税すれば，ドイツの企業税収のGDP比は1ポイント程度上昇してOECD諸国平均水準になる（表4−1参照）。
[5] Bach und Dwenger（2007b），S.63−64.

化,EU経済圏の拡大の中で強調され問題視されているのは,ドイツのように企業税率の高い国から企業利潤が流出し,新興諸国のように企業税率の低い国に流入しているのではないか,ということである。この点に関連して先の表4－1を再度参照すると,企業税率(2005年)が最低水準であるアイルランド(12.5%),キプロス(10%)では企業税収のGDP比(2003年)は3.8%,4.4%と最高水準にあるという事実は無視できない。つまり,新興諸国などは低い税率を武器に国内の企業課税ベースを拡大するのに成功してきたが,一方で高税率国のドイツは十分な企業税収をあげていない。そして「この差異から容易に連想できるのは,ドイツは現在までのところその利潤課税ベースの一部が低税率諸国へ移転されることによって相当な損失を甘受してきている,ということである[6]」。

さてこのような問題状況を背景にして,ドイツ政府は2008年企業税制改革を提起した。その基本的ねらいは後述のように,一方で名目税率を低下させて企業立地をめぐる税制面でのドイツの競争力を回復すること,他方では課税ベースを拡大してドイツの租税収入を確保する,ということである。特に後者については,ドイツ国内で生産したGDP(Sozialprodukt)に関しては,ドイツ企業をして国内で租税を支払わせるという趣旨に基づくものであった[7]。

そうした改革を遂行しようとすれば,経済がグローバル化する中で租税収入を確保したい政府(国家)の論理と,租税負担の軽減と自由な投資活動を求める企業(資本)の論理が,当然ながら対立することにもなろう。そこで2008年企業税制改革の具体的内容をみる前に,第2節では企業利潤の国外流出や租税負担の実態,経済界の基本的スタンスなどを紹介して,ドイツの企業経営のグローバル化と租税負担についていま少し掘り下げてみよう。

---

[6] Haufler (2007), S.12.
[7] BMF (2007a), S.87–88.

## 2 企業経営のグローバル化

### 1) グローバル化と租税負担

　Jarass und Obermair（2004a）によれば，ドイツの資本会社が実際に支払った租税額の利潤に対する割合，つまり実効負担率は，2000年の約21％から2001～03年には8～11％に低下している。この低下の背景には，法人税率を40％から25％に引き下げた2001年税制改革もあるが，しかしその影響は税収入を8分の1程度減少させただけであり，実効負担率低下にそれほど大きな役割を果たしたわけではない[8]，という。むしろより重大な要因としては，ドイツの企業がグローバルな租税回避戦略を積極的に利用するようになったことがある[9]。それでは，それはいかなる戦略ないし方法によって遂行されているのであろうか。ここではJarass（2006）に依拠していくつかの方法を紹介しておこう[10]。

　第1は，ドイツ企業は「利潤の費用化」によって課税ベースを縮小していることである。その一例としてドイツ・IKEA社の場合をみてみよう。同社は2003年で総売上額22億7,800万ユーロであるが，自己資本はわずか300万ユーロであり，外部資本が14億4,200万ユーロであった。同社は極めて高い売上利回りを示し約3億ユーロの利潤をあげたが，そこから支払われた租税はわずか5,000万ユーロであり，つまり15％強の負担率であった。その前年では約2億ユーロの利潤から約2,000万ユーロの租税支払いであり，10％程度の負担率であった。企業利潤に対する名目税率が約40％（当時）であることと比較しても相当に低い。

　ここで利用されたのがいわゆる「利潤の費用化」による課税ベースの縮小である。そこでは主に2つの手段が使われている。その1つは，外国へのライセンス料の支払いである。同社は「IKEA」という名称利用のライセンス料とし

---

[8] Jarass und Obermair（2004），S. 81–89.
[9] Jarass（2006），S. 95.
[10] Jarass（2006），S. 96–100.

て粗売上額の3％を無税で外国に支払うが，これは2003年で総額7,000万ユーロにのぼっている。いま1つは，債務利子の支払いである。同社は外部資本比率が高く，同年でも6,000万ユーロ以上が債務利子として支払われた。支払い債務利子は，法人税では全額が経営コストとして算入され，それだけ課税ベースである利潤が縮小される。また営業税では，長期債務利子の50％だけが利潤に加算されて課税される。

このような租税操作は，大企業でかつ国際的に活動するコンチェルンこそ可能であろうが，大半の中小企業にとっては不可能であろう。その意味では，「コンチェルンにとって今日のドイツは，未だに流布している高い租税負担という神話とは反対に，まさに租税天国なのである[11]」。

第2は，ドイツ企業が外国（多くは低税率の国）に工場・事業所・支店などを展開する際には，それに関わる費用の多くをドイツ国内で稼いだ利潤から控除できることである。例えば，外国での新規投資の計画費用の大半ならびに経常的管理費用，ドイツ国内での職場の廃止および外国への移転のための全費用，外国子会社の資本装備に基因する債務利子などが利潤から控除される。このように控除される結果，課税対象となるドイツ企業の利潤は縮小し，ドイツ国内での企業税収もそれだけ減少してしまう。また，ドイツ企業の外国での子会社が稼いだ利潤は，例えばスロヴァキア共和国では約10％という低い税率で課税された後にドイツに移転されたとしても，その還流利潤は税率2％で課税されるにすぎない。というのも，2001年以降は外国からの還流利潤のうち5％のみが課税対象となり，約40％の税率が課されているのである。

つまり現状では，国内でのみ業務を行う企業についてはその利潤に約40％の租税が賦課されるが，反対に国内でリストラを進め外国への資本投資を拡大する企業は，その国内租税負担を大幅に軽減できる仕組になっている。こうした状況をみるならば，まさに「ドイツの租税システムが雇用輸出に補助金を与えている[12]」という評価も誇張とはいえない。

---

11) Jarass (2006), S.96.
12) Jarass (2006), S.97.

第3に，国際的投資ファンドによるドイツ企業の買収によってドイツの企業税収が侵食される可能性もある。例えば，投資ファンドが，利潤をあげかつ高い自己資本比率と高いキャッシュフローを持つドイツ企業を買収する場合に，その購入価格を被買収企業の負担で資金調達したとしよう。その経常的な利子支払いは被買収企業の負担となり，その分だけ課税所得をドラスティックに削減することになる。つまり，支払い利子に対応する所得が非課税で外国に移転されるわけである。また，売却益もドイツでは非課税である。

　以上のように，現在までのドイツの企業税制の下にあっては，グローバルに活動する企業経営にとって租税操作の余地が開かれており有利性も大きい。しかしそれは他面では，ドイツの租税収入や雇用機会の縮小をもたらしかねないこと，租税負担において中小企業は大企業に比べて不利になり競争力を阻害されかねないこと，などの問題を内包しているのである。

### 2) ドイツ経済界の主張

　これに対して，ドイツの経済界はグローバル化の中でのドイツ企業税制についていかなる主張をしているのであろうか。ここではドイツ産業連盟（BDI）が2006年に発表した『ドイツにおける企業の租税負担』[13]という文書からその主要な主張をとりあげてみよう。

　第1に，BDIはEU内での各国の租税競争の必要性を強調する。一般に，EU内での企業税率の引下げ競争は「租税ダンピング」ではないか，またドイツ企業の低税率国への進出はドイツの租税資金を利用して雇用を東ヨーロッパに移転させているのではないか，という批判の声も大きい。これに対してBDIは2つの点から反論する。1つは，企業税率の引下げは，恐れられているように各国の税収減となる「底への競争」ではない。現実には図4－2のように税率引下げは税収増をもたらしている，と反論する。いま1つには，各国が雇用と成長のためによりよい租税システムをめぐって公正な競争をすることは，決して

---

13) BDI (2006). なお，同文書は32ページのパンフレットであるが，「政治的議論のための諸事実」を副題としており，ドイツ企業税制に関する一般的「誤解」に対して経済界の立場から反論するという形式をとっている。

租税ダンピングではない，と主張する。かつてドイツ政府は，EU内での25％という最低税率の設定を要求したが，2006年6月にEU委員会と加盟多数諸国はこれを拒否している。これは，EUが租税に関してもシステムの競争に賛成したことになる。つまりBDIによれば，「税制面においても成長と雇用により適した枠組みを他国に劣らず提供するという目的に即して，その租税システム構造を形成することは，EU加盟諸国の本来的課題なのである[14]」。

図4－2　租税総収入に占める利潤課税の比率
（「国際的租税競争は，決して底に向かった競争ではない」）

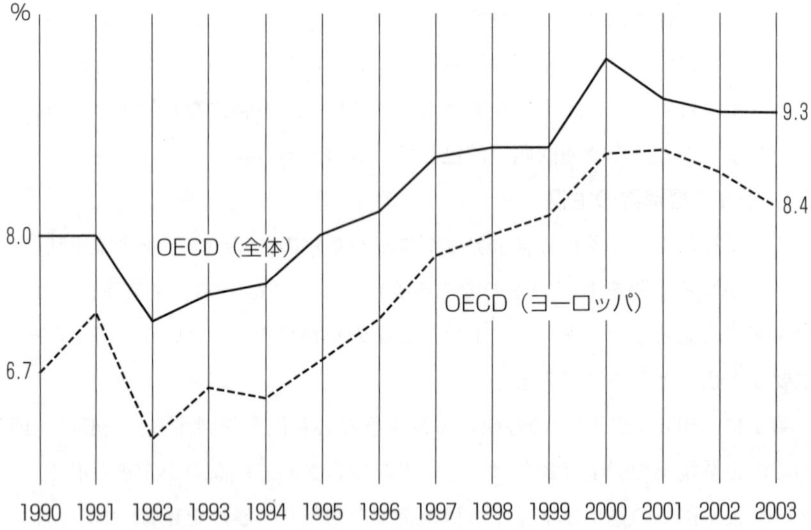

（出所）　BDI（2006）．

　第2に，BDIは企業経営のグローバル化や外国投資拡大の必要性だけでなく，ドイツ経済にとってのその積極面も主張する。つまり，グローバル化のしるしとして外国投資は必然的に増大し，そして結果的には外国でより多くの利潤部分が生産され課税されることになる。しかしこうした投資が，本質的には国内での契約や雇用を支えることになる。ドイツ企業の顧客は世界規模のプレゼン

---

14）　BDI（2006），S.20－22．

スを期待しているし，ドイツ国内での研究・開発もその成果が世界規模で利用されることを頼みにしている。中小企業は外国での生産を通して国内工場のための注文を取ってきている。もしドイツ企業が外国での企業立地の有利さを利用しないならば，その競争力をはるかに悪化させてしまうであろう[15]，と。

第3に，BDIは，ドイツ企業のグローバル化がドイツの課税ベースを縮小させているという議論には，批判的ないし懐疑的である。まず，国民経済計算と租税統計での企業利潤のギャップを理由にした課税もれの推計に対しては，不確実で粗い試算であり信頼できるデータとはみなせないという立場である。と同時に，BDIによれば，そうした問題の多い試算の目的は明らかに資本会社の資金調達コスト（支払い利子）の控除禁止に道を開くことであると警戒している。さらにBDIは，ドイツ企業が外国子会社への割高な支払いをし，金融会社に高い利払いをしているという批判については，そもそものようなドイツ企業の手段・方法は現行の租税制度に基づくものであり全く正当なものである，と主張する[16]。

さて，BDIは上記以外のいくつかの反論と主張もふまえて，同文書の結論として次のようにのべている。

「以上見てきた事実は，投資や雇用にとってよりよい租税条件の枠組みを導くべく企業税制改革がドイツにおいて緊急であることを強調している。連邦政府は，計画されている税率引下げということではこの目標に賛成しているが，その財源調達に関してみるとこの目標を再び見失う危険がある。

企業は明白な負担軽減を必要としている。企業課税における課税ベース拡大の可能性はこれまですでに広範に利用しつくされてしまったということを，租税立法者は思い出さねばならない。課税ベース拡大による従来の財源調達は，税率引下げをほとんどいつも過大に相殺してしまい，しばしば租税システムの破壊へと導いてきたのである[17]」。

---

15) BDI (2006), S.26.
16) BDI (2006), S.28.
17) BDI (2006), S.32.

このようにBDIはドイツ経済界の代表として，グローバル化の中で企業税率のさらなる引下げを求めつつも，課税ベースの拡大には反対するという立場であった。それでは，2008年企業税制改革とは具体的にはどのようなねらいと内容を持っているのであろうか。次節以降でみていくことにしよう。

## 3　2008年企業税制改革

### 1）　改革の問題意識とねらい

　ドイツの2008年企業税制改革法案は，1年半の政治的議論を経て2007年5月に連邦議会を同年7月に連邦参議院を通過し，2008年1月1日より施行されることになった。それではドイツ政府はこの改革を構想するにあたって，いかなる問題意識とねらいを抱いていたのであろうか。ここでは法案審議の過程で連邦財務省が発表した『ドイツにおける2008年企業税制改革』(『連邦財務省月報』2007年3月号)[18]という文書をもとに簡単に整理しておこう。

　連邦財務省はドイツ企業課税について，国際的な視点からと国内的な視点からみて，その実態と問題を次のように指摘している[19]。

　まず，国際的な視点からみると大きくは2つの問題がある。その1つは，EU内で最高の38.65％という企業租税負担率（法人税，連帯付加税，賦課率400％の営業税の合計，なお連帯付加税は法人税額の5.5％）のままでは，ドイツはもはや国際的に競争可能ではない，ということである。企業の名目税率および実効税率を引き下げれば，ドイツの国際競争での地位を改善することになる。税率引下げは，外国からドイツへの投資を引きつけるだけでなく，すでに国内に立地している企業にとっても魅力を高める。つまり，「外国への投資は利回りの優位性を失い，投資と雇用はドイツに留まることになる」と。

---

[18]　BMF (2007a).
[19]　なお，同文書では企業税制に関わるこの他の問題として，ドイツは個人家計の資本資産の国外移転によっても課税ベースを喪失していること，したがって家計の資本所得課税の改革，具体的には源泉課税導入の必要性も主張しているがここでは立ち入らないことにする。

そして，いま1つの問題は，ドイツの高い名目租税負担を理由に，国際的に活動している企業が租税操作を行う結果，ドイツで課税されずに低税率の国で課税されていることである。その根拠については，財務省も第1節で紹介したベルリン・ドイツ経済研究所の試算を利用している。その上で，そうした「企業はドイツ立地の有利さ（インフラ，労働力の質，法制度など……引用者注）を享受しながら，しばしば利潤移転によって課税から逃れている」と批判する。それ故，国際的に活動している企業にとってドイツで稼いだ利潤の相当部分をドイツで納税するような刺激を与えることも企業税制改革の目的になる[20]。

これに関連して連邦財務省は別の文書では，現行企業税制は利潤と租税の結合関係を弱めており，国庫収入および公正な課税という点からみても改革が不可避であると，次のように主張している。「ドイツで生産される企業利潤は課税においてはしばしば外国に移転されている。その結果，ドイツにおける公共サービスの財源負担に対する企業利潤の寄与は低下している。こうした展開は公正なものとはみなせない。現在の状態を維持することは，国庫上からも公正さの考慮からも選択肢とはなりえない。何もしなければ我々は現在の租税収入さえも確保しえないのである[21]」。

次に，国内的な視点からみると，現在までの企業課税では法人税，所得税，営業税の関係が入り組んでおり，租税体系としても問題がある。ドイツでは，資本会社の利潤には法人税と営業税が，人的企業の利潤には所得税と営業税が課税される。そして，支払った営業税は経営コストとして所得税・法人税だけでなく営業税からも控除される。加えて人的企業の場合には，営業税は一括して所得税の租税債務に算入され，税額控除される。全体としては様々な租税が不透明な共同作用を果たしてしまう。例えば，ある自治体が営業税賦課率を引き上げると，この自治体の税収増加は所得税・法人税の課税ベースを縮小し，他の地域団体（連邦・州）に転嫁されることになる。このような状況では，納税企業にとっても，各級政府レベルでの租税負担の正確な評価を弱めてしま

---

20) BMF (2007a), S.88-90.
21) BMF (2007c), S.1.

う[22]，と。

さて，以上のような問題意識をふまえて2008年企業税制改革では，その目的として次の4つの点があげられている[23]。

① 直接投資に関してドイツの企業立地の魅力を高め，同時に企業の租税操作に対抗すること。
② 資本会社・人的企業など企業形態のちがいによる負担の中立性。
③ 市町村税収の安定化，ならびに課税の透明性の向上，財政資金の流れの簡素化。
④ 個人資産の資本所得課税の改革。

ただ，以下では主要には①と③の目的に即して改革の具体的内容とその効果をみていくことにする[24]。

## 2） 改革の内容[25]

2008年企業税制改革は基本的には2つの柱よりなる。1つは企業利潤に対する名目税率の引下げであり，いま1つは課税ベースの拡大および変更である。税率引下げについては，①法人税率を25％から15％に引き下げる，②営業税の租税指数を5％から3.5％に引き下げる。市町村の営業税額は，企業の利潤等に全国共通の租税指数を乗じた額（租税基準額）を課税ベースにして，各市町村独自の賦課率を掛けて算出される。仮に賦課率を全国平均の400％程度とすれば，利潤に対する営業税の負担率は20％から14％に低下する。この結果，企業利潤に対する名目税率は連帯付加税も含めて，2007年までの38.65％から2008年以降は29.83％に低下する。図4－3が示すようにEU内でのドイツの企業税率の順位は，最高水準からEU15カ国の中位水準になる。連邦財務省によ

---

22) BMF（2007a），S.90.
23) BMF（2007a），S.91-95.
24) 2008年企業税制改革では，資本会社と人的企業の負担の中立性も課題の1つにしているがここでは立ち入らない。改革による租税負担の変化など，資本会社・人的企業への効果については，Bach, Buslei, Dwenger und Fossen（2007），Spengel et al.（2007）を参照されたい。
25) BMF（2007d），（2007b），（2007c）.

れば,「これによってドイツは国内外の投資家にとってより魅力的なものとなる[26]」。

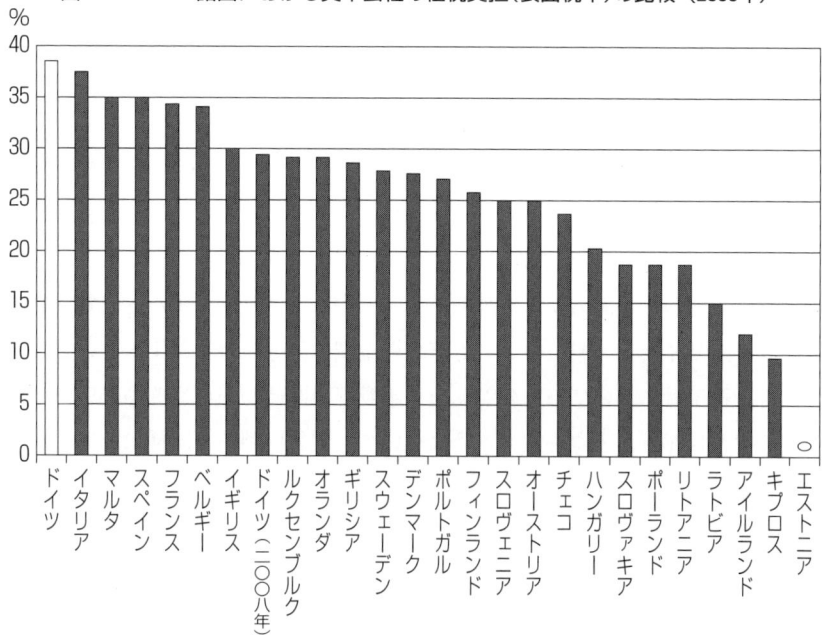

図4-3 EU諸国における資本会社の租税負担(表面税率)の比較 (2006年)

(出所) BMF (2007a), S.89.

なお,法人税ではなく所得税が課税される人的企業については,従来所得税額から営業税の租税基準額の1.8倍が控除されていたものが,2008年以降はその3.8倍が控除されることになる。つまり大半の人的企業は,営業税負担額の全額を所得税から税額控除されて負担軽減される[27]。

次に,課税ベース拡大については主には3つの変更がなされる。第1に,法人税,所得税,営業税の算定において,営業税負担額を経営コストとして算入することを廃止する。これによって各税の課税ベースは拡大され,税率引下げによる減収をある程度相殺する増収要因にもなる。また各税の入り組んだ相互

26) BMF (2007a), S.92.
27) BMF (2007a), S.95.

関係も解消される。

　第2に，法人税と所得税の算定において，支払い利子および減価償却費用の経営コスト算入について大幅な制限を加える。従来，支払い利子は費用としてその全額が利潤から控除可能であったが，これを支払い利子の30％に制限する。なお，100万ユーロまでの純支払い利子額は全額控除される。また従来の漸減的減価償却制度（degressive Abschreibung）も廃止する。

　第3に，営業税算定における利潤加算要素を変更する。従来，営業税の課税ベースは法人税（資本会社）ないし所得税（人的企業）に定められた利潤に加えて長期債務利子の50％が算入されていた。2008年以降はこれに替えて，長期・短期に関わらずあらゆる債務利子の25％が算入される。また，家賃，賃料，リース料，ライセンス料についてもその資金調達部分を対象にするということで，可動経済財についてはその20％を，不動経済財についてはその75％を合算し，非課税枠10万ユーロを超える分について，支払い利子と同様に25％が利潤加算要素になる。

　このような税率の引下げと課税ベースの拡大ないし変更によって予想される各税の増収および減収は次のようになっている（完成年度）。

【主要な減収要因】
- 法人税率引下げ（25％→15％）　　　　　　　　　▲125.5億ユーロ
- 営業税租税指数の引下げ（5％→3.5％）　　　　　▲72.8億ユーロ
- 所得税での営業税算入率引上げ（1.8倍→3.8倍）　▲52.6億ユーロ
- 営業税での長期債務利子50％の利潤加算廃止　　　▲9.9億ユーロ

【主要な増収要因】
- 所得税，法人税，営業税での営業税控除廃止　　　114.4億ユーロ
- 国内課税客体確保による追加的増収　　　　　　　83.9億ユーロ
- 法人税，所得税での支払い利子制限の導入（30％）　14.7億ユーロ
- 漸減的減価償却制度の廃止　　　　　　　　　　　33.6億ユーロ
- 営業税での新規利潤加算要素の導入　　　　　　　9.6億ユーロ
- 資本所得における源泉課税の導入（2009年より）　12.9億ユーロ

・小額経済財における即時償却の廃止　　　　　　　　　9.0億ユーロ

　さらに改革による法人税，所得税，営業税の税収および連邦，州，市町村の税収に対する影響（完成年度）は表4－4のようになる。これによると改革によってドイツ全体では約50億ユーロの減収になる。政府内での内訳は連邦が26億ユーロ，州が23億ユーロの減収になり，市町村はそれほどの変化はない。一方，租税別にみると，所得税が約30億ユーロの減収，法人税が約18億ユーロ，連帯付加税を含めると約21億ユーロの減収であり，営業税は2億ユーロの増収になる。ただこの税収の増減はあくまで税制の制度変更の影響のみを試算したものである。

表4－4　2008年改革の主要税収への影響　　（億ユーロ）

|  | 合　計 | 連　邦 | 州 | 市町村 |
|---|---|---|---|---|
| 合　　計 | ▲50.15 | ▲26.59 | ▲23.66 | 0.10 |
| 営　業　税 | 2.05 | ▲1.56 | ▲1.36 | 4.96 |
| 所　得　税 | ▲29.90 | ▲12.70 | ▲12.70 | ▲4.50 |
| 法　人　税 | ▲18.55 | ▲9.26 | ▲9.29 | － |
| 資本収益税 | ▲1.00 | ▲0.32 | ▲0.32 | ▲0.36 |
| 連帯付加税 | ▲2.75 | ▲2.75 | － | － |

（注）　完成年度での影響。
（出所）　BMF（2007d）．

## 4　改革への評価をめぐって

### 1）　連邦財務省の評価

　それでは連邦財務省は，2008年企業税制改革によってどのような効果を期待しているのであろうか。ここでは前節でみた改革のねらいと関連させて，租税収入の見通し，租税体系の透明性，自治体財政への効果，について連邦財務省の評価をみてみよう[28]。

---

28)　ここでは主にBMF（2007b）（2007c）を参照する。この文書は連邦財務省が2008年企業税制改革法案の議論の素材ないし一般向け説明として作成されたものであり，「Q&A」形式になっている。

第1に，租税収入に関しては短期には減収になるものの，長期的には十分増収になるという見通しをもっている。図4-4は2008年改革の効果をアピールするものとして連邦政府が発表したものである。一方で，企業税率が38.65％から29.83％に低下し，他方で租税収入（法人税と営業税）は2008年は前年より60億ユーロ減収になるものの，2009年以降は持続的に増加し2012年には749億

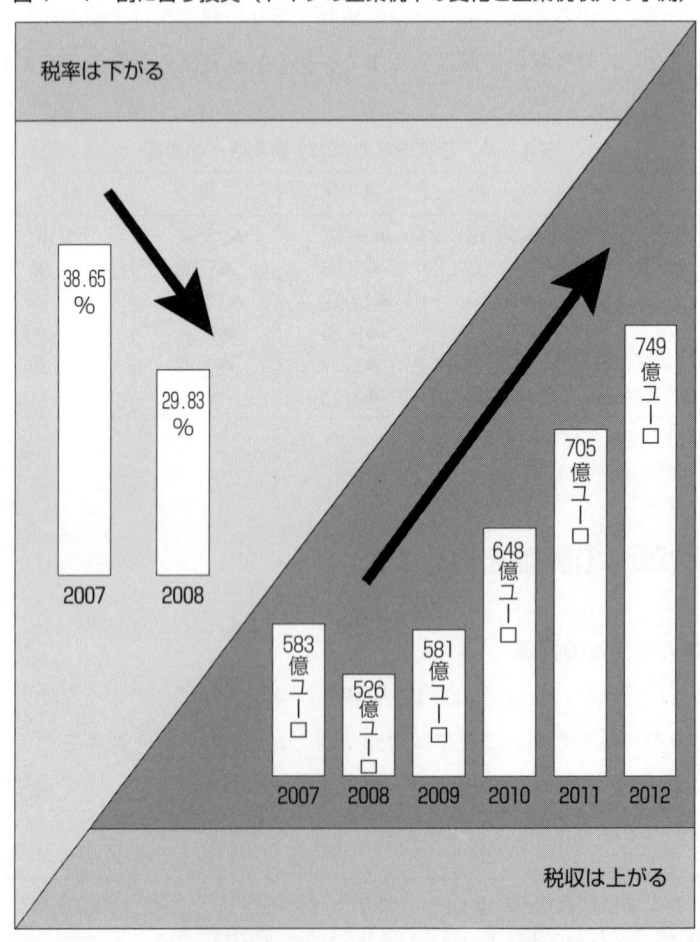

図4-4　割に合う投資（ドイツの企業税率の変化と企業税収入の予測）

税率は下がる

| 年 | 税率 |
|---|---|
| 2007 | 38.65％ |
| 2008 | 29.83％ |

| 年 | 税収 |
|---|---|
| 2007 | 583億ユーロ |
| 2008 | 526億ユーロ |
| 2009 | 581億ユーロ |
| 2010 | 648億ユーロ |
| 2011 | 705億ユーロ |
| 2012 | 749億ユーロ |

税収は上がる

（出所）　ドイツ連邦財務省ホームページ。

ユーロにまで増加する。

　先にみたように企業税制の制度改革そのものでは全体で約50億ユーロの減収（完成年度）になるはずである。しかし連邦財務省によれば，課税ベースの拡大，企業税率低下による国内投資環境の改善，国内経済の成長を考えれば図4－4のような税収増が期待できるという。

　これに関連して興味深いのは，連邦財務省はこの企業税制改革を将来に向けての「割に合う投資」（図4－4）として位置づけていることである。その意味はこうである。この改革の2つの目的，つまり「国家収入の確保」と「税制上の競争力の改善」は短期的また静態的にみるならば相互に緊張関係にあることはまちがいない。しかし，「国家収入を長期的に高めるためには，法人税率を国際的中位水準にまで引き下げるという投資を，我々は短期的には行わなければならない。これに伴う税収減は将来には収益のあがる投資である。現在のコストには将来のより高い収益が対応している[29]」，と。

　なお，連邦財務省による法人税と営業税の税収予測の内訳（2007～12年）は表4－5のようになっている。法人税は2008年には前年より50億ユーロも減少するが，その後は増加傾向になり2012年には252億ユーロと2007年に比べて約40億ユーロの増加となる。一方，営業税は2008年以降もほぼ持続的に増加する

表4－5　2008年改革後の法人税・営業税の税収予測

（億ユーロ）

|  | 法人税 | 営業税 | 合　計 |
|---|---|---|---|
| 2007年 | 209 | 374 | 583 |
| 2008年 | 159 | 367 | 526 |
| 2009年 | 179 | 402 | 581 |
| 2010年 | 209 | 439 | 648 |
| 2011年 | 236 | 469 | 705 |
| 2012年 | 252 | 497 | 749 |

（注）　連邦財務省の予測（2007年3月7日現在）
（出所）　BMF（2007c），S.3.

---

29）　BMF（2007c），S.2.

予想であり，2012年には497億ユーロになり，2007年に比べると約120億ユーロも増加するとされている。連邦・州の共同税である法人税よりも市町村税である営業税の方がより顕著に増加することになる。連邦財務省によれば，自治体は「改革の勝ち組[30]」なのである。

　第２に，法人税・所得税・営業税の課税ベースからの営業税控除が廃止されることによって，課税の透明性は高められる。つまり，資本会社の租税負担は法人税（連帯付加税を含む）と営業税の名目税率を単純に加算したものになる。また，人的企業の場合は，所得税の課税ベースからの営業税控除は廃止されるが，実際に支払った営業税額にほぼ相当する額（租税基準額の3.8倍）を所得税から税額控除することになる。営業税はもはや経営コストとして考慮されなくなり，その結果として国家（連邦と州）と自治体（市町村）の間での財政資金の流れは解きほぐされる。

　また同時に見逃せないのは，改革の１つの柱である営業税・租税指数の引下げ（５％→3.5％）による市町村税収の低下を補うために，営業税納付率も引き下げられることである。従来から，各市町村で徴収される営業税収のうち租税基準額（前述）の一定割合（納付率）が連邦・州に納付されている。この営業税納付率が，旧西独地域では2007年の73％から2008〜11年には65〜69％に，旧東独地域では2007年の38％から2008〜11年には30〜35％に引き下げられる。つまり，営業税収の連邦・州への実質配分率が旧西独地域では17.9％（2007年）から17.2％（2011年）に，旧東独地域では10.7％（2007年）から10.0％（2011年）にわずかながらも低下する[31]。この営業税納付率の引下げは，各級政府の財政的独立性を強めようとする背景の下では有益なことになる。

　このような変化の結果，資本会社にとって営業税負担はもっぱら市町村のみによって影響されることがより明白になる。これによって企業と市町村の既存の絆は強められることになる[32]。

---

30）BMF (2007c), S.4.
31）Deutscher Städtetag (2007), S.97.
32）BMF (2007a), S.95.

第4章　2008年企業税制改革

　第3に，営業税の課税ベースの拡大によって市町村税収入はより安定的になり，市町村はより計画的な財政運営や公共事業が可能になる。従来，営業税では利潤以外では長期債務利子のみが課税されていたが，2008年以降は利子，家賃，賃料，リース料，ライセンス料も利潤加算要素として課税される。これらの課税要素は，企業活動規模を反映しまた利潤に比べて景気変動性が小さいために，営業税収はより安定的に確保できるようになる。

　現在のドイツでは公共事業の50％を市町村が担っており，営業税収が安定的に確保されれば公共事業も着実に遂行できる。公共事業は民間投資とそれに結びついた雇用の先行投資としても重要なのである。

　さらにこれらのことはドイツの中小企業にとっても有利なことである。それは1つには，自治体の発注の多くは労働集約的な中小企業の仕事になるからである。いま1つは，営業税の課税ベース変更も中小企業に有利になるはずである。『ドイツ連邦銀行統計』によれば，大企業は多くを短期信用で資金調達しているのに，まさに小企業が長期債務利子を支払っている。つまり，営業税の課税ベース変更によって小企業が負担軽減になる可能性が高いのである[33]。

## 2）　自治体からの評価

　以上みてきたように，2008年改革は営業税および自治体財政にも大きな影響を与える。そこで最後に，改革に対する自治体サイドの評価をみてみよう。ここでは2007年4月25日の連邦議会の財政委員会公聴会で，ドイツ都市会議など自治体全国団体が共同で発表した意見を参考にする[34]。

　全体として自治体サイドは2008年改革を好意的に評価していた。それは第1に，企業税率の引下げによって税制面でのドイツ国内企業立地の魅力を改善し，ドイツで生産した利潤を国内で課税するという改革の中心目的が支持できることである。

　第2に，自治体は営業税での利潤加算要素の拡大と所得税・法人税での利子制限導入を歓迎する。特に，営業税の利潤加算要素拡大によって営業税の物税

---

33)　BMF（2007a），S. 94-95.
34)　Deutscher Städtetag（2007），S. 36-38.

的性格が強められ，都市・市町村の最重要税源が質的に改善され安定化することは好ましい，という立場である。

第3に，自治体の収入中立性という観点から営業税納付率が引き下げられることも，自治体は歓迎している。

第4に，法人税・所得税での営業税控除が廃止されて，課税の透明性が高められ，国・自治体の財政資金の流れが解きほぐされることも望ましい。

もちろん2008年改革について，自治体サイドからいくつかの問題点も指摘されている[35]。しかし，全体としてはドイツの国際競争力の改善に資すること，連邦・州に比べて自治体での収入中立に配慮がなされていること，市町村の基幹税である営業税が維持されその物税的性格も強められること，などを理由にしてこの改革を支持しているのである。

ドイツ企業税制において営業税は法人税と並ぶ主要税であり，営業税を除いた企業税制改革はそれほど効果的なものとはなりえない。一方，営業税は市町村特に都市にとっては主要な基幹税であり，税収減につながる営業税改革はとうてい受け入れがたい。またドイツ都市会議などは従来から営業税の物税的性格の強化を求めてきたところである。2008年企業税制改革は，そうした自治体側の事情を相当に配慮した内容になっている。このことは今回，営業税を取り込んだ企業税制改革が実現可能になった大きな政治的要因であろう。なお，2008年企業税制改革と営業税の関連については次章でより詳しく検討したい。

# おわりに

2008年企業税制改革によるドイツの経済・財政への改革効果や影響は今後実証的に検証される必要があろう。とはいえこの改革そのものについては，さしあたり次のような問題ないし課題も指摘できるのではないか。

第1に，改革後の税収増加の見込みがかなり楽観的であったことである。制

---

35) 例えば，利潤加算要素の非課税限度について自治体の要望した5万ユーロに比べると，改革案の10万ユーロでは自治体税収が減収するという問題がある。

度改正そのものでは50億ユーロの減収になるが，想定では改革後の国内経済の成長と企業利潤の課税捕捉によって法人税・営業税の大幅な増収が見込まれている。この増収見込みの計算根拠は必ずしも明示されていないが，2008年のリーマン・ショックによる世界同時不況と金融危機の影響などもあって，実際の税収はこの予測をかなり下回ることになった。表4－6は2007〜2012年の企業税収実績を示しているが，2008年までは予測以上の税収をあげていたが，2009〜2012年には予測の7割程度に終わっている。

表4－6　法人税，営業税の税収実績　　　（億ユーロ）

| 年　度 | 法人税 | 営業税 | 合計(A) | 2税の税収総額に占める比率(%) | 2007年時点での税収予測額(B) | A／B |
|---|---|---|---|---|---|---|
| 2007 | 229 | 401 | 630 | 11.7 | 583 | 1.08 |
| 2008 | 158 | 410 | 568 | 10.1 | 526 | 1.08 |
| 2009 | 71 | 324 | 395 | 7.5 | 581 | 0.68 |
| 2010 | 120 | 357 | 477 | 9.0 | 648 | 0.74 |
| 2011 | 156 | 404 | 560 | 10.3 | 705 | 0.79 |
| 2012 | 169 | 423 | 592 | 9.8 | 749 | 0.79 |

（出所）　BMF (2013), S.282-283.

　第2に，改革での営業税への対応がややちぐはぐである。営業税の課税ベースを変更したことは確かにその物税的性格を強めたことになる。しかし，他方では同時に法人税・所得税からの経費としての営業税控除も廃止したことは，営業税の物税的性格を弱めることになるのではないか。いずれにせよドイツの営業税については従来から，経済界はその解体・縮小ないし廃止を求め，自治体側はその現代的再生や物税的性格の強化を求めるなど，議論と対立の絶えない租税である。今回の改革を経ても，今後の営業税の方向づけが必ずしも決まったわけではない[36]。

　第3に，利子制限の導入などによる課税ベースの拡大は，ドイツ経済界の要求と対立していることである。税収を確保せねばならない「国家の論理」からすれば税率引下げと対応して課税ベースの拡大は不可欠であるが，グローバル

---

[36]　ドイツ営業税をめぐる改革議論については，関野 (2005) を参照のこと。

化の中で租税競争が継続している状況下において，これがドイツ企業の立地選択にいかなる影響を与えるのかは未知数である。もし投資や利潤の国外流出が引き続き進むのであれば，さらなる企業税制改革だけでなく所得税や消費税も含めた総合的税制改革も必要になろう。

# 第5章
# 企業税制と営業税問題
―グローバル化と地方企業課税―

# はじめに

　経済のグローバル化とともに，2000年代に入ってドイツでも企業税制改革が経済政策上の重要なテーマになってきた。2000年改革では法人税率が40％から25％（2001年より）に引き下げられたが，地方企業課税である営業税には大きな変更はなかった。ところが前章でみたように，2008年に実施された企業税制改革では，法人税率がさらに引き下げられて15％になり，営業税をめぐる財政・租税システムの大幅な見直しもなされた。その結果，企業税率水準は40％弱から30％弱へと相当に低下することになり，ドイツの企業税制にとっては画期的な改革となった。このことは，いずれにせよドイツの企業税制改革は，営業税を含めての改革によってはじめて包括的かつ効果的なものになりえることを示している。

　そこで本章では，2008年改革が営業税を含めた全体的な企業税制改革になった背景を探る1つの作業として，ここ数年におけるドイツでの企業税制改革の議論の中で営業税改革がいかなる方向で議論されていたのかを検討することにしよう。なおドイツでは，税制も含めて経済財政の政策形成過程において研究機関・シンクタンクの改革提案が重要な役割を演じており，ここでもシンクタンク等でなされた代表的な改革提案に注目したい。本章の構成は以下のとおりである。第1節では，2000年代におけるドイツの租税システムと営業税の実態を検討する。第2節では，やや経済界よりの市場経済財団の営業税改革提案を，第3節では，やや中立的なベルテルスマン財団の営業税改革提案を整理検討する。第4節では，2つの営業税改革提案に対する自治体サイド（ドイツ都市会議）の評価から，その相対的位置づけを考える。そして最後に，営業税改革提

案と2008年改革による営業税をめぐる財政・租税システムの見直しとの関連を総括しよう。

# 1 ドイツの租税システムと営業税

### 1) 企業課税と営業税

　1990年代以降，経済のグローバル化とともに先進諸国，新興諸国を問わず，企業税率が傾向的に引き下げられてきている。つまり，他国よりも企業税率を引き下げることによって企業立地条件を優位にして，自国の経済発展や雇用確保に結びつけようとしているのである。特にヨーロッパにおいては統一通貨ユーロの導入や，東欧諸国の市場経済化に伴うEU経済圏の拡大深化によって，企業税率の引下げ競争は顕著である。ところがそうした中で，ヨーロッパ最大の経済大国であるドイツは，従来からヨーロッパで企業税率水準が最も高い国であった。いま表5－1で2007年時点での各国の名目企業税率をみてみよう。なおここでの企業税とは，企業利潤を課税ベースにした法人税などのことである。ドイツは38.65％であり，ヨーロッパでは最高水準である。旧EU諸国が30％前後，東欧などEU新規加入諸国が20％前後であるのと比べても，ドイツの企業税率はかなり高い水準にあることがわかる。

　ところで同表からわかるように，ドイツの名目企業税率が高いのは，地方税によるところが大きい。つまり国レベル（連邦および州）の企業税（法人税）だけならドイツは26.38％であり，旧EU諸国の中では平均的な水準にすぎない。ここに地方レベル（市町村）の企業税（営業税）の16.67％が加算されることによって38.65％という高い企業税率水準になっているのである。なお，ドイツの法人税は連邦・州の共同税で法定税率は25％（2007年度まで）であるが，東西ドイツ統合に関わる財源として連帯付加税が法人税額の5.5％分課税されており，実質法人税率は26.38％になっている。また営業税は市町村税であり，その税率決定権は各市町村にあるが，全国平均の税率が16.67％になっている，ということである。

表5-1 各国の名目企業税率（2007年）（%）

|  | 中央国家 | 地方団体 | 合　計 |
|---|---|---|---|
| ベルギー | 33.99 | − | 33.99 |
| デンマーク | 25.0 | − | 25.0 |
| ドイツ | 26.38 | 16.67 | 38.65 |
| フィンランド | 26.0 | − | 26.0 |
| フランス | 34.43 | − | 34.43 |
| ギリシャ | 25.0 | − | 25.0 |
| アイルランド | 12.5 | − | 12.5 |
| イタリア | 33.0 | 4.25 | 37.25 |
| ルクセンブルク | 22.88 | 6.75 | 29.63 |
| マルタ | 35.0 | − | 35.0 |
| オランダ | 25.5 | − | 25.5 |
| オーストリア | 25.0 | − | 25.0 |
| ポルトガル | 25.0 | 1.5 | 26.5 |
| スウェーデン | 28.0 | − | 28.0 |
| スペイン | 32.5 | − | 32.5 |
| イギリス | 30.0 | − | 30.0 |
| キプロス | 10.0 | − | 10.0 |
| ブルガリア | 10.0 | − | 10.0 |
| エストニア | 22.0 | − | 22.0 |
| ラトビア | 15.0 | − | 15.0 |
| リトアニア | 18.0 | − | 18.0 |
| ポーランド | 19.0 | − | 19.0 |
| ルーマニア | 16.0 | − | 16.0 |
| スロヴァキア | 19.0 | − | 19.0 |
| スロヴァニア | 23.0 | − | 23.0 |
| チェコ | 24.0 | − | 24.0 |
| ハンガリー | 20.0 | 2.0 | 21.28 |
| 日本 | 30.0 | 13.5 | 40.87 |
| カナダ | 22.12 | 14.0 | 36.12 |
| アメリカ | 35.0 | 7.5 | 39.88 |
| ノルウェー | 28.0 | − | 28.0 |
| スイス | 8.5 | 18.6 | 21.3 |

（出所）BMF（2007h），S.21-22.

さらに，ドイツ国内の租税収入においては，営業税は法人税よりも大きな比重を占めている。表5－2は2006年度のドイツ国内での連邦・州・市町村を総合した租税収入の構成を示している。所得税と売上税（付加価値税）がともに30％以上を占めて二大税収になっている。一方，企業関連税では営業税の7.9％に対して，法人税は4.7％にしかすぎない。ドイツ国内での企業利潤課税においては，連邦・州の共同税である法人税よりも，市町村税である営業税の方が大きな位置を占めているのである。

表5－2　ドイツの租税収入（2006年度）

|  | 億ユーロ | ％ |
| --- | --- | --- |
| 所得税 | 1,938 | 39.7 |
| 　うち賃金税 | 1,226 | 25.1 |
| 法人税 | 163 | 4.7 |
| 連帯付加税 | 103 | 2.3 |
| 営業税 | 321 | 7.9 |
| 不動産税 | 102 | 2.1 |
| 売上税 | 1,466 | 30.0 |
| 鉱油税 | 399 | 8.2 |
| たばこ税 | 143 | 2.9 |
| 合　計 | 4,884 | 100.0 |

（注）　合計にはその他税収も含む。
（出所）　BMF（2007g），S.46－49.

名目税率水準において法人税より低い営業税が，税収規模において法人税をかなり上回っている要因としては，次のようなことが考えられる。1つには，課税対象の範囲のちがいがある。ドイツ国内の企業総数は表5－3に示されるように2005年で303.6万社あるが，株式会社，有限会社などの資本会社47.1万社（15.5％）であり，個人企業などの人的企業が251.4万社（82.8％）もある。そして国税（連邦・州）レベルで法人税の課税対象になるのは資本会社だけであり，人的企業は所得税の課税対象になっている。一方，市町村税である営業税は人的企業，資本会社も含めてすべての事業活動（農業，自由業を除く）を課税対象にしている。いま1つには，課税ベースについても営業税の方が若干広くなっている。法人税の課税ベースは法人税法で規定される企業収益（益金－

116

損金)であるが,営業税の課税ベースは法人税法・所得税法で規定される収益に長期債務利子の50％分(2007年度まで)を加算したものになっている。ちなみに,企業の営業税負担額はその物税としての性格から,法人税・所得税・営業税の算定において経営コスト要素として損金算入されている。

表5-3 ドイツ企業の法的形態別構成(2005年)

|  | 万社 | ％ |
| --- | --- | --- |
| 人的企業 | 251.4 | 82.8 |
| 　個人企業 | 213.1 | 70.2 |
| 　合名会社 | 26.1 | 8.6 |
| 　合資会社 | 12.1 | 4.0 |
| 資本会社 | 47.1 | 15.5 |
| 　株式会社 | 0.7 | 0.2 |
| 　有限会社 | 45.2 | 14.9 |
| 　事業経済協同組合 | 0.5 | 0.2 |
| 　公法上の経営法人 | 0.6 | 0.2 |
| その他 | 5.0 | 1.7 |
| 合　計 | 303.6 | 100.0 |

(出所) BMF (2007g), S.36.

このようにみると,経済のグローバル化の中でドイツ企業税制のあり方を考えるにあたっては,国税としての法人税だけでなく地方税の営業税も重要な検討課題にならざるをえない。ところで現代ドイツの租税システムは,1960年代以降の一連の営業税改革の経緯もあって,後にみるように所得税,売上税,営業税の税収に関して連邦,州,市町村が相互に関与している状況にある。つまり営業税改革はその代替財源のあり方も含めて,租税システムに様々な影響を与える可能性があるのである。そこで,営業税改革論の具体的検討に入る前に,まずその前提として現代ドイツの租税システムと地方歳入・市町村税の現状について概観しておくことにしよう。

### 2) 現代ドイツの租税システム

表5-4は2006年度のドイツ全体の各級政府別租税収入の構成を表している。ここからは次のような特徴が指摘できる。第1に,税収総額の配分では連邦41.7％,州39.9％,市町村13.7％,EU 4.5％になっている。連邦と州がとも

に税収の4割を占めているのに対して，市町村は10％台であり，その税収規模は相対的に小さい。第2に，主要税である所得税，法人税，売上税（付加価値税）が各級政府の共同税になっている。所得税と法人税は連邦と州に同額配分され，それぞれ税収全体の14.1％，2.3％を確保している。また売上税では，

表5－4　ドイツの連邦・州・市町村・EUの租税収入（2006年度）

|  | 億ユーロ | ％ |
|---|---|---|
| 連邦税収 | 2,038 | 41.7 |
| 　所得税 | 687 | 14.1 |
| 　　うち賃金税 | 521 |  |
| 　法人税 | 114 | 2.3 |
| 　売上税 | 777 | 15.9 |
| 　営業税（納付分） | 16 | 0.3 |
| 　連邦固有税 | 842 | 17.2 |
| 　EUへの税収交付 | ▲181 | ▲3.7 |
| 　州への税収交付 | ▲216 | ▲4.4 |
| 州税収 | 1,951 | 39.9 |
| 　所得税 | 687 | 14.1 |
| 　　うち賃金税 | 521 |  |
| 　法人税 | 114 | 2.3 |
| 　売上税 | 659 | 13.5 |
| 　営業税（納付分） | 22 | 0.4 |
| 　営業税（納付割増分） | 31 | 0.6 |
| 　州固有税 | 217 | 4.4 |
| 　連邦からの税収交付 | 216 | 4.4 |
| 市町村税収 | 673 | 13.7 |
| 　営業税 | 383 | 7.8 |
| 　所得税分与 | 218 | 4.5 |
| 　　うち賃金税分与 | 184 |  |
| 　売上税分与 | 30 | 0.6 |
| 　営業税納付 | ▲38 | ▲0.8 |
| 　営業税納付割増分 | ▲31 | ▲0.6 |
| 　市町村固有税 | 109 | 2.2 |
| EU税収 | 221 | 4.5 |
| 税収総額 | 4,884 | 100.0 |

（出所）　BMF（2008），S.284.

連邦（15.9％）と州（13.5％）がその大半を確保している。また市町村にも所得税（4.5％），売上税（0.6％）がそれぞれ配分されている。第3に，営業税はもともと市町村固有税であり，その大半が市町村税収（7.8％）になっているが，その一部は営業税納付分として連邦（0.3％）や州（0.4％）の税収としても配分されている。

　このように所得税，売上税，営業税に関して，連邦，州，市町村がそれぞれ関与している現状については，これまでの営業税改革の経緯と密接に関連している。簡単に説明すると次のとおりである。ドイツの営業税は歴史的に古い租税であるが，第2次大戦後にドイツ基本法（憲法）によって市町村固有の税源（物税）として保障された。当初の営業税の課税ベースは，各企業の収益，賃金額，営業資本額であり，それぞれに法定（全国均一）の租税指数を乗じて合算したものが租税基準額とされ，この租税基準額に各市町村が独自に決定した賦課率を掛けて営業税額が算定された。営業税はドイツ市町村の基幹税収であり，1960年代までは市町村税収の8割弱を占めていた。ところが1969年の市町村財政改革によって，市町村間の税収力格差を是正する等を理由に，市町村は徴収営業税額の約40％を連邦・州に納付し，その代わりに連邦・州の共同税である所得税収の14％を市町村に配分することになった。また1979年の租税改革法によって，営業税の課税ベースから賃金額がはずされ，その代替財源として市町村への所得税収配分割合が15％に引き上げられた。さらに1997年の営業税改革によって課税ベースから営業資本額もはずされ，その代替財源として連邦・州の共同税である売上税収2.2％分が市町村に配分されることになった。この結果，市町村の租税収入における営業税の比重は40％台に低下し，逆に所得税や売上税という共同税の比重が増加することになった。また，当初の営業税は物税として広い課税ベースをもっていたが，次第に課税ベースが縮小された結果，1998年以降は企業収益に課税する第二法人税のような企業税に変わってしまったのである[1]。

---

1) 1970年代以降のドイツ営業税改革の経緯と改革議論について詳しくは，関野（2005），中村（2006）を参照されたい。

それでも現代の市町村財政において営業税は最も主要な市町村税収であり，また不動産税と並んで市町村の税率操作権が保障された自治的税源という重要性に変わりはない。この点を表5－5，表5－6で確認しておこう。表5－5は2006年度の地方歳入の構成を示している。租税収入の比重は旧西独地域で42％，旧東独地域で20％であるが，それぞれ営業税がその半分を占めている。また連邦，州からの交付金（経常，投資）の比重は旧西独地域の28％に対して，旧東独地域では54％と高くなっている。さらに表5－6は，2006年度の市町村の租税収入の内訳を示している。ドイツの市町村全体でみると営業税は46％を

表5－5　ドイツ地方自治体の歳入構成（2006年度）

|  | 旧東独地域 | | 旧西独地域 | |
|---|---|---|---|---|
|  | 億ユーロ | ％ | 億ユーロ | ％ |
| 租 税 収 入 | 55.8 | 20.4 | 554.5 | 42.2 |
| 　うち営業税 | 26.1 | 9.6 | 256.7 | 19.5 |
| 　　所得税分与 | 12.9 | 4.7 | 188.5 | 14.3 |
| 　　売上税分与 | 4.2 | 1.5 | 23.4 | 1.8 |
| 料 金 収 入 | 20.0 | 7.3 | 138.4 | 10.5 |
| 連邦・州経常交付金 | 118.9 | 43.6 | 318.4 | 24.2 |
| 連邦・州投資交付金 | 27.8 | 10.2 | 48.1 | 3.7 |
| その他収入 | 50.4 | 18.5 | 254.0 | 19.3 |
| 合　　　計 | 273.0 | 100.0 | 1313.4 | 100.0 |

（注）　都市州を除く。
（出所）　Deutscher Städtetag（2007），S.13－14.

表5－6　ドイツ市町村の租税収入（2006年度）

|  | 全国 | | 旧西独地域 | | 旧東独地域 | |
|---|---|---|---|---|---|---|
|  | 億ユーロ | ％ | 億ユーロ | ％ | 億ユーロ | ％ |
| 営 業 税 | 315.5 | 46.7 | 286.2 | 46.7 | 29.3 | 46.0 |
| 不 動 産 税 | 104.0 | 15.4 | 90.1 | 14.7 | 13.9 | 21.8 |
| その他市町村税 | 7.9 | 1.2 | 7.1 | 1.2 | 0.8 | 1.3 |
| 所得税分与 | 218.5 | 32.3 | 203.4 | 33.2 | 15.1 | 23.6 |
| 売上税分与 | 30.3 | 4.5 | 25.7 | 4.2 | 4.6 | 7.2 |
| 税 収 合 計 | 676.2 | 100.0 | 612.6 | 100.0 | 63.7 | 100.0 |

（出所）　Deutscher Städtetag（2007），S.85－87.

占めて最大税収であることがわかる。同じく自治的税源である不動産税は15%で営業税の3分の1程度にすぎない。また所得税分与32%, 売上税分与4％で, 市町村税収に占める共同税分与は3割強の比重になっている。

さて，営業税については従来からもそのあり方や改革をめぐって，課税者たる自治体サイドと納税者たる企業・経済界サイドの利害・主張が鋭く対立している租税である。一方のドイツ都市会議を代表とする自治体サイドは，営業税は税率操作権を伴う自治的財源であり，応益原則・等価原則[2]に適う企業税であるという立場から，課税ベースを企業収益だけでなく事業付加価値額などへ拡大すべきなど，一貫して営業税の現代的再生を求めてきた。他方の経済界サイドは，企業活力を強化させる観点から課税ベースの縮小，営業税率の引下げ，さらには営業税の廃止を求めていた。1970年代以降に遂行された営業税の課税ベース縮小は，後者の経済界サイドの要求が反映した結果でもある。さらに2000年代に入っての経済界サイドの動きとしては，ドイツ産業連盟（BDI）の営業税改革案（2001年6月）がある。そこでは，①営業税と所得税市町村分与を廃止する，②その代替財源として各市町村は所得税・法人税にそれぞれ自由に付加税を課す，③企業の名目実効税率は38％水準で変化はない，というものであった。しかし自治体サイドが，同案は，①企業負担を住民負担に転嫁するもの，②都市圏における中心都市と郊外市町村の税率格差を必然化し，中心都市に不利益をもたらす，などの理由から強く反対したこともあって実現しなかった[3]。また2003年には市町村財政の危機を背景に，連邦政府の主導で関係団体も参加した市町村財政改革委員会が組織され，営業税改革の具体的検討が進められた。そして2003年7月に連邦政府は営業税改革法案を発表した。その内容は，①営業税の名称を市町村経済税に変える，②課税対象，課税ベースの拡大も行う，③租税指数を5％から3％に引き下げる，④上記による減収を補

---

2) 等価原則（Äquivalenzprinzip）とは，一般的には自治体の公共サービスに要する費用は，そのサービス利用者ないし受益者が負担すべきという考えであり，ドイツの地方財政や地方財政論では応益原則とほぼ同義に使用されている。

3) ドイツ産業連盟の営業税改革案の内容と問題点については，関野（2005）第6章，を参照されたい。

てんするために売上税市町村参与比率を2.2%から3.6%に引き上げる,というものであった。しかし,同法案には経済界や自治体サイドの反対も多く,結局実現せずに終わっている[4]。

しかしその後,経済のグローバル化が一層進展してくるに伴い,企業の実効税率引下げを目指した営業税改革の議論や提案も本格化してくる。なかでも市場経済財団およびベルテルスマン財団の提案は体系的であり,代表的な営業税改革案として注目もされている。また両提案とも,ドイツの財政学者,税法学者,経済学者など財政・税制の専門家が参加・主導して作成されている。そこで以下の第2節,第3節で市場経済財団,ベルテルスマン財団の改革提案内容をそれぞれ検討してみよう。

## 2　市場経済財団の『租税政策プログラム』

### 1）市場経済財団『租税政策プログラム』のねらいと構成

市場経済財団は2006年1月に同財団の「税法典」委員会による『租税政策プログラム』を発表したが,その副題に従えば「さらなる成長と雇用のための包括的な収益税改革」を目指すものである。その問題意識とねらいについて同プログラム要約で次のようにのべている。「本委員会はドイツにとってより本質的で,より社会的で,より透明で,かつより公正で,同時に国際的競争可能な租税体系を志向している。それは自己責任と能力発揮への包括的な契機となり,また投資や消費の基礎となる信頼と法的保障に配慮するものでなければならない。租税体系の社会的均整を保障することは,これらが広範に受け入れられるための基礎となる。一国経済の競争可能性は,成長と雇用を創出することを目的にしつつ,競争可能になるような水準への租税負担軽減によって強められる。これらはすべて,全貌がつかめなくなるほど複雑化した租税体系から訣別することによってのみ可能になるのである。ドイツの収益税法は簡素化されねばな

---

4）関野（2005），第2章，中村（2006），参照。

らず，企業分野では国際的に競争可能な税率水準にまで低下されねばならない。その際には自治体財政の基盤も強化されねばならない[5]。」

さて「税法典」委員会はドイツ企業課税については，特に次の2つのことを強調している。1つは，法人税，営業税，連帯付加税合計で税率39％にも達する企業課税水準は，ヨーロッパ最高であり，国際比較でみてもドイツの国際競争力を失わせていることである。いま1つは，ドイツ企業課税の競争力の欠如の要因は，単に税率だけによるのではなく，特殊な租税構造にも起因していることである。その特殊性とは，第1に，39％の名目租税負担率の相当部分は営業税によることである。前節でもみたように25％の法人税率は過度に高いわけではなく，営業税が追加されることによって39％という魅力的でない水準に引き上げられている。かくして，企業課税の現実的改革は，営業税をその従来の姿から取り替えることによってのみ成功する。第2に，ドイツでは人的企業が重要な意義をもっているため，所得税も企業税の性格をもっていることである。それ故，企業課税の引下げは法人税だけに限られず，課税の法形態中立性を保障するためには，人的企業の課税も含めなければならない。このような問題意識にたって「税法典」委員会が提起する「租税改革プログラム」は，具体的には，①企業税制改革，②地方財政の新秩序，③新しい所得税法，という3つの内容から構成されている[6]。

第1の企業税制改革とは，企業の法的形態（資本会社や個人企業など）での中立性をもち，かつ企業利潤への課税を国際的に競争可能な税率水準に低下させるように，統一企業税（Einheitliche Unternehmensteuer）を導入することである。その際，望ましい税率水準は25％であるが，困難な政府財政事情を考慮すれば30％までが現実性のある水準とされる。また企業課税の税率構成は，包括的所得税制が原則として維持されている所得税法の税率構成からは切り離される。そして新しい企業課税は，連邦および州の税収となる一般企業税

---

5) Stiftung Marktwirtschft (2006), S.5. Fuest (2006) は，市場経済財団の改革提案の特徴と意義について整理している。

6) Stiftung Marktwirtschft (2006), S.5-8.

(Allgemeine Unternehmensteuer）と，市町村税収となる地方企業税（Kommunale Unternehmensteuer）から構成される。両税の課税客体と課税ベースは統一される。また税率は，同プログラムの構想では，一般企業税は19〜22％に，地方企業税は6〜8％になる。地方企業税の税率については，市町村は上記の範囲で税率水準を独自に決定できるものとされる。

　第2の地方財政の新秩序とは，憲法に規定された地方自治行政の保障と安定化のために，①不動産税，②住民税，③地方企業税，④賃金税への市町村参与，という4つの方策（Vier-Säulen-Lösung）を導入することである。この地方財政改革は，本プログラムの企業税制コンセプトと一体のものとして提案されている。つまり，「企業税制改革は地方財政改革と結合してのみ持続的に成果を上げることができる。その中核となるのは，企業課税のさらなる発展と賃金税への市町村参与を代替財源にしての営業税廃止である。その目的は，自治体財政に対して安定的な財政収入を確保することと，企業の国際的競争可能性を保障する」ことである[7]。

　第3の新しい所得税法とは，現行所得税制からのパラダイム転換ではなく，基本的にはさらなる簡素化を求めるものである。つまり，原則として総合課税を行っている現行所得税制はさらに発展的に維持しつつ，過剰になっている規定や例外を除去していくものである。

　以上みたように，市場経済財団の提案では，何よりもドイツの企業課税水準を国際競争可能な水準までに引き下げることが重要であり，そのための地方財政改革，特に営業税廃止が必要になるという認識が前面に出ている。そこで以下では，同「租税政策プログラム」の企業課税改革を営業税と関連させて考察するために，地方財政改革についてより詳しくみていくことにしよう。

## 2）　地方財政の新秩序　−4つの方策−

　市場経済財団「税法典」委員会は，地方財政の新秩序をもたらす4つの方策を提起するのに先立って，同委員会なりの現代ドイツの地方税への認識を次の

---

7) Stiftung Marktwirtschft (2006), S.6.

ようにのべている。

　第1に，地方税での応益原則の強調である。つまり，自治体公共サービスはとりわけ不動産所有者，住民，地域経済によって利用されている。それ故，有効な地方税体系とは，この3つのグループすべてを適切な方法でその財源調達に取り込むものであり，その際に市町村はこの3つのグループに対して税率ないし賦課率を自主的に決定しうるものである。

　第2に，現行の営業税は自治体の経済関連税としてはもはや適当ではない。その理由は，①営業税は本来は企業の客観的経済力を捕捉すべきものであるが，現行制度はもはやそうではない，②課税対象が様々な要因で縮小した結果，営業税は大企業の負担する税に変質している，③自治体税収はできる限り安定的であるべきなのに，営業税収は景気変動にあまりにも影響を受けやすい，④1つの所得種類のみに追加的課税するのは所得税の総合課税の原則に反する，などである。

　第3に，市町村による税率決定権の重視である。つまり，憲法に保障された地方自治行政は，上記3つの分野（不動産，住民，地域経済）すべてにおいて，市町村が税率操作権を通じてその租税収入を決定できる場合に，最も十全に遂行されることになる。現行制度では，市町村の税率操作権は不動産税と営業税には存在するが，所得税と売上税への市町村参与には税率操作権はない。その意味では課税における地方自治は十分ではない。

　このような地方税認識に基づき，「租税政策プログラム」は地方税改革として前述のように，①不動産税（不動産要素への課税），②住民税（居住要素への課税），③地方企業税および④賃金税への市町村参与（経済要素への課税），という4つの方策を提案している。ただ，不動産税については，現行の市町村による税率操作権を維持しつつ不動産評価方式を改善することを基本としており，大きな変更を伴う改革とはいえない[8]。そこで以下では，居住要素への課税であ

---

8) ここでの不動産税改革の方向は，基本的にはバイエルン州とラインラント・プファルツ州の財務省が共同提案している「改革案」に依拠している。詳しくは，Bayerisch Staatsminister der Finanzen und Minister der Finanzen des Landes

り住民の所得課税改革としての住民税,企業課税改革としての地方企業税および賃金税収市町村参与という提案について注目してみよう。

まず住民税（Bürgersteuer）とは,現行の所得税市町村参与（15％分）を廃止して,各市町村が独自に住民所得に課税する地方所得税を導入しようとするものである。「税法典」委員会によれば,「現行の所得税市町村参与を維持することは自治体政策的にも経済政策的にも重大な失敗になりかねない」。なぜなら,住民は自分の所得税（賃金税を含む）の15％分が,居住地市町村の収入になっていると明白には認識していない。このように住民負担意識が欠如している下では,市町村の公共サービス供給とも関連性がなくなってしまうからである。逆に,市町村の住民税になれば,「市町村の財源調達への個々の住民の寄与と住民によってコントロールされる自治体の資金調達の効率性も,住民にとって明瞭になる」,と。なおここでの住民税は,課税ベースは所得税法で規定される住民の課税所得であり,各市町村が設定する比例税率で課税される。収入中立を仮定すれば平均3～4％の税率水準となり,その分だけ連邦・州の所得税率（累進課税）を引き下げるという。また住民税収の市町村間格差を大きくしないためには,当面は税率操作の適用範囲を一定の基準所得以下に限定すべきものとしている[9]。

次に,市町村における経済要素の課税としては,問題の多い現行営業税を廃止し,その代替財源として新たに地方企業税と賃金税市町村参与を導入するとしている。ところで経済要素の地方課税については,前述のように従来から自治体サイドと経済界サイドの対立は深刻である。自治体サイドからすれば,経済要素への課税,つまり自治体公共サービスから利益享受している企業に対する課税は,企業活動規模を反映する付加価値額（賃金,利潤,利子,賃貸料,リース料など）を基準にすべきである。一方,経済界サイドからすれば,利潤とは無関係な要素,特に付加価値額の大半を占める賃金要素への課税は望ましくなく,到底受け入れられない。そこで「税法典」委員会は,自治体と経済界の対

---

　Rheinland-Pfalz（2004）を参照されたい。
　9）Stiftung Marktwirtschft（2006），S.42-43.

立を招かないような解決策を模索し提起する[10]。

　その１つは，地方企業税である。その課税ベースは一般企業税（国税）と同様に利潤であり，市町村の税率操作権を一定の範囲（６〜８％）で認める。いま１つは，企業従業員の支払う賃金税（賃金所得に課される所得税）について，その一定割合（約２％）を従業員の就業地市町村に交付することである。その対象は民間企業だけでなく，非営利企業や公共団体の従業員も含まれる。また，この賃金税市町村参与は，企業や従業員への追加的負担にもならない。

　そして，「税法典」委員会によれば，地方企業税と賃金税市町村参与の結合には次のような利点があるという。第１に，この財源調達は地域経済と自治体を結びつけ，自治体には企業誘致への動機付けになる。第２に，課税での賃金要素は，税収入の景気変動性を小さくする。第３に，市町村への賃金税収配分は，従来の所得税市町村参与のように居住地主義ではなく，就業地主義で実施されるため，所得税市町村参与での税収配分のように中心都市の不利，周辺市町村の有利ということは生じない。むしろ中・大都市の中心地機能をより評価するものになる。

　市場経済財団の提案の基本は要するに，現行の営業税と所得税市町村参与を廃止し，その代替財源として住民税，賃金税（一部）という個人所得税と地方企業税という法人利潤課税を導入しようというものである。特に就業者賃金税の一部分与という雇用要素を加味していることは１つの特徴である。ただ，全体としてはこの提案は，個人所得および企業利潤に課税するという意味では，ドイツ産業連盟が2001年に提案した所得税・法人税への市町村付加税案（前述）と，本質的にはかなり似たものであることは否定できないであろう。後にみるように，ベルテルスマン財団やドイツ都市会議からは，この点に対して批判が集中することになる。

---

10) Stiftung Marktwirtschft（2006），S. 43-44.

## 3 ベルテルスマン財団の企業税制改革案

### 1) 地方財政・企業税制改革へのスタンス

　ベルテルスマン財団は2007年に『営業税から地方経済税へ ―ベルテルスマン財団の改革コンセプト―』（以下『2007年提案』）という提言を発表した[11]。この提案は前節でみた市場経済財団の改革案を強く意識しつつ，その批判の上で独自の営業税改革案を主張するものになっている。本節ではその内容と特徴に注目してみたい。ところでベルテルスマン財団は，この『2007年提案』に先立って，2003年に『市町村財政の改革 ―ベルテルスマン財団の提案―』を発表しているが，そこでは具体的には，①地方住民税（比例税）の導入（所得税市町村参与の廃止），②地方経済税の導入（営業税の廃止），③不動産税の改革，を提案していた。ただ，地方住民税の導入と不動産税改革に関しては，内容的には市場経済財団の提案と大きな相違はない。また地方経済税についても，課税ベースをより広い付加価値額基準に求めるなどとはしていたが，詳細には展開されていなかった[12]。これに対して，『2007年提案』は企業税税制改革に焦点をあててより具体的になっており，また市場経済財団案との違いもより明示的になっている。

　そこでまず，『2007年提案』におけるベルテルスマン財団のドイツ企業税制についての現状認識と市場経済財団の地方財政改革案に対する評価をみておこう。それによれば，ドイツ企業税制については，2つの面からも改革の圧力がかかっているという。その1つは，ドイツ税制が極めて複雑で，ほとんどコントロールできない租税要素で満ちており，納税者や財務当局からみても扱いにくいことである。いま1つは，ドイツの企業租税負担が表面上も実効上も高すぎることである。第1節でもみたように2005年時点で法人税の表面税率は25％で中位水準であるが，営業税も含めた実効税率は38.7％でヨーロッパ最高水準

---

11) Bertelsmann Stiftung (2007).
12) Bertelsmann Stiftung (2003).

にある。加えて，ドイツの企業税率は最高水準であるにもかかわらず，財政収入での成果（GDPに対する企業利潤税収の比率）は極端に低い[13]。

また，市町村財政からみても現行営業税は問題が大きい。つまり，もっぱら企業利潤課税になっているために税収の景気変動性が大きいこと，納税義務者の範囲が自治体公共サービスから利益を得ているすべての経済事業者に及ぶのではなく，不公平な負担になっていること，営業税の根拠になっている等価原則は現行税制ではもはや実現されていないこと，である[14]。

さて，このようなドイツ企業税制に対する現状認識は，市場経済財団の改革提案でもほぼ共通していた。ただ，ベルテルスマン財団からみると市場経済財団の改革提案，特に営業税廃止の代替方策には次のような問題があるという。

第1に，経済関連税（営業税）の代わりにより小さい収益税（地方企業税）と賃金税交付金的な参与に置き換えられても，租税体系の顕著さは高まらない。自治体への賃金税交付は，納税者にとっては目に見えないものである。

第2に，地方企業税はもっぱら利潤依存型であり，市町村財源調達における等価原則的な貢献にはならない。現行営業税の主要な批判点は新たな地方企業税にも当てはまってしまう。市町村財政政策の点からみると，収益性の弱い企業が租税を支払わないことは，当該企業に補助金を与えることに等しい。

第3に，地方企業税は利潤依存型の企業課税であり，景気変動の影響を受けやすい。また，課税ベースにおける外部資金調達の取扱いが従来と同様に未解決であり，企業に租税操作の余地を残している。

第4に，自治体間の配分効果については十分な意見一致が不可能である。確かに，賃金税分与は企業利潤の少ない自治体にはプラスの収入効果はあるだろうが，他方で，特に中心都市にとっては地方企業税，不動産税，住民税は累積的な配分損失になってしまう。

第5に，自治体の財政自治も十分ではない。従来，自治体に税率操作権が

---

13) Bertelsmann Stiftung (2007), S.6. ドイツの企業税率の高さと企業税収比率の低さについては，本書，第4章を参照のこと。
14) Bertelsmann Stiftung (2007), S.6.

あった営業税の相当部分が，税率操作権を行使できない賃金税収交付分に転換されることは問題である。また，住民税においても，分配政策上の理由から設定される基準額は，自治体の税率操作権行使を限定することになる。

　以上のことを指摘した上で『2007年提案』は，「市場経済財団モデルの自治体との親和性は十分ではなく，ベルテルスマン財団モデルよりも明確に劣っている」と結論づける[15]。それではベルテルスマン財団は，営業税に代わるものとしてどのような地方経済税を提起しているのであろうか。

## 2） 地方経済税　—経済活動への自治体による課税—

　ベルテルスマン財団の『2007年提案』は，経済活動への自治体課税モデルとして次の2つのことを提起している。1つは，営業税の代替として地方経済税（Kommunale Wirtschaftssteuer）を導入する。この地方経済税は，すべての経済活動を課税対象とし，課税ベースは収益だけでなく実物投資資本，賃金を含み，市町村の税率操作権も保障したものである。いま1つは，現行営業税制度での連邦・州・市町村税収の絡み合い（営業税納付制度，所得税・法人税・営業税での営業税負担額のコスト参入）を廃止することによって，租税体系をより透明にし，租税の実質的作用（負担）を知覚できるようにすることである。この2つの方策の結果として，税率の明確な低下，ドイツ企業課税の国際的競争可能性の改善，自治体財政運営の持続可能性の確保，が導かれるという[16]。なお，同提案での実際の改革の手順としては，第1に財政の絡み合いの除去，第2に地方経済税の導入，さらに第3に地方経済税率の引下げ財源として不動産税負担の引上げを改革のオプションとしている。そこで以下では，この順に沿ってその内容をみていこう。

　まず，営業税をめぐる財政・租税システムの絡み合いの影響をみてみよう（表5－7参照）。第1に，営業税納付制度の存在がある。2005年度を例にとるとドイツの営業税総額は約300億ユーロである。そのうち市町村の営業税収入となるのは240億ユーロであり，60億ユーロは営業税納付分として連邦・州に

---

15） Bertelsmann Stiftung (2007), S.10.
16） Bertelsmann Stiftung (2007), S.11.

第5章　企業税制と営業税問題

入る。ただし、そのうち25億ユーロは、旧東独州の連帯基金財源になるため、連邦・州への実質的な営業税納付額は35億ユーロとなる。マクロの市町村収入の面では、営業税納付分に対しては所得税市町村参与（15％分）が代替財源として保障されている。しかし、市町村の企業課税としてみた場合には、納付分だけ営業税率が高く設定されているとみなすこともできる。もし営業税納付制度を廃止すれば、営業税賦課率400％の市町村では362％への低下が可能になり、これは資本会社の営業収益に対する営業税負担率で換算すると16.7％から15.3％への低下に相当する[17]。

第2に、企業の営業税負担が法人税（資本会社）、所得税（人的企業）の算定において経営コストに算入されていることがある。2005年度ではドイツ企業は300億ユーロの営業税負担をしているが、そのコスト算入を通じて法人税・所得税負担額が合計で130億ユーロ減額されている。つまり、企業の営業税実質負担額は170億ユーロということになる[18]。

第3に、企業の営業税負担額が営業税の課税ベース算定（収益）においてもコスト要素として算入されていることがある。そのため、市町村の営業税賦課率水準も割増ししたものになっている。例えば、現在賦課率400％の市町村で収益10万ユーロの資本会社に対しては、営業税のコスト算定を廃止すれば賦課率333％で同一税収（負担額）を確保することができるという[19]。

このような営業税をめぐる財政・租税システムの絡み合いの結果、営業税負担の本当の姿が見えにくくなっており、また営業税を含めた企業税率が必要以上に高くなっている。それ故、営業税納付制度と所得税・法人税・営業税での営業税コスト算入を廃止することによって、企業租税負担の透明性が確保され、企業税率の引下げも可能になる（改革Ⅰ、表5－8参照）[20]。

---

17)　Bertelsmann Stiftung（2007）, S. 11－14.
18)　Bertelsmann Stiftung（2007）, S. 11－12.
19)　Bertelsmann Stiftung（2007）, S. 16－17.
20)　納付制度および営業税コスト算入を廃止すれば、収益10万ユーロの資本会社の場合、現行の営業税率16.67％（賦課率400％）、法人税率25％から、営業税率14.77％

表5-7　営業税をめぐる現状（改革以前）(億ユーロ)

|  | 連邦・州 | 自治体 | 企　業 |
| --- | --- | --- | --- |
| 自治体収入・企業負担 |  | ＋300 | －300 |
| 営業税のコスト算入<br>営業税納付 | －130<br>＋35 | －35 | ＋130 |
| 実際の収入・負担 | －95 | ＋265 | －170 |

（出所）　Bertelsmann Stiftung（2007），S. 32.

表5-8　財政絡み合いの除去（改革Ⅰ）　　（億ユーロ）

|  | 連邦・州 | 自治体 | 企　業 |
| --- | --- | --- | --- |
| 改革前の収入・負担 | －95 | ＋265 | －170 |
| 営業税納付の廃止<br>所得税・法人税での営業税コスト算入廃止 | －35<br>＋130 | ＋35 | －130 |
| 中間計算 | 0 | ＋300 | －30 |
| 納付廃止後の営業税賦課率の引下げ<br>所得税・法人税率の引下げ | －95 | －35 | ＋35<br>＋95 |
| 実際の収入・負担 | －95 | ＋265 | －170 |

（出所）　Bertelsmann Stiftung（2007），S. 32.

　次に，ベルテルスマン財団の企業税制改革の中心である地方経済税についてみてみよう。地方企業課税の原理をめぐっては，応能原則に基づく利潤課税の主張と，等価原則（応益原則）に基づく課税の主張の対立がある。しかし『2007年提案』によれば，地方企業税においての両者の一面的主張には問題がある。つまり，利潤課税に限定すると赤字企業に事実上補助金を与えることと同様になり，国際競争の下では課税を理由にした利潤移出の誘因になってしまう。また他方では，もっぱら支払い賃金・給与額に課税すると雇用創造に逆行するものと批判される。これに対して，広く付加価値額を対象にした課税ならば，上記のような問題点を避けることができるし，国際的にも競争可能なように低い税率設定も可能になるはずである。そこで『2007年提案』では，営業税に代わ

　　（賦課率295％），法人税率22.63％への低下が可能になるという（Bertelsmann Stiftung, 2007, S. 23.）。

る地方企業税として次のように地方経済税を提起する。

　課税対象は，自治体公共サービスを利用しているすべての経済主体（資本会社，人的企業，自由業，農林業）を含むものとする。これは等価原則思想（Äquivalenzgedanke）に基づくものであり，納税義務者集団の範囲を広げることによって自治体財源調達の安定的基盤を確保し，経済活動に対する不公平で憲法規定上も疑念のあった課税上の扱い（営業税）をなくすことができる。

　課税ベースには，収益だけでなく資本，労働要素も加える。収益に依存しない要素にまで課税ベースを拡大することによって，税収の景気変動性はより緩和され，少数企業の収益力に依存することもなくなる。地方経済税において課税対象範囲を広げ，かつ課税ベースも拡大することは，負担水準の公正（Niveaugerechtigkeit）への要求に応えることでもある。そして，課税ベースは具体的には，収益（Ertrag），賃金額（Lohnsumme），実物投資資本（Sachanlagevermögen）とされているが，その内容と根拠については次のように説明されている。①収益。収益算定には，利潤にすべての債務利子，賃貸料，リース料，等が加算される。これによって，税制を理由に自己投資を賃貸やリースに置き換えたり，自己資本を外部資本に置き換えたりする誘因を排除する。②賃金額。賃金額は企業の経済力を表す本質的な指標であり，等価原則からみても企業による自治体インフラへの需要の指標になる。③実物投資資本（土地を除く）。実物投資資本を賃金額と並んで課税ベースに含むことによって，資本集約企業に対する労働集約企業の不利を避けることができ，また資本財投資によって雇用を減らそうとする誘因もなくすことができる。

　そして，実際の地方経済税課税におけるこれらの課税ベースのウェイト付けについては，賃金要素と資本要素は同等にウェイト付けし，収益要素は他の2要素よりも重くウェイト付けをすべきとしている。つまり，前者は労働集約企業が資本集約企業に不利になるのを避けるために，後者は等価原則と並んで応能原則も配慮するためである[21]。

---

21) Bertelsmann Stiftung (2007), S.29.

地方経済税導入（改革Ⅱ）による想定される効果は表5-9に示されている。現行営業税との税収中立を前提にすれば，課税対象・課税ベース拡大による増収分（55億ユーロ）は，税率水準引下げによる減収（55億ユーロ）で相殺しており，マクロでの自治体収入と企業負担の変化はない。もちろん課税対象・課税ベース変更に伴い個別企業への影響は様々になりうる可能性があるが，本提案では，その詳細は検討されていない[22]。

　さらに『2007年提案』は，地方経済税の税率水準を一層引き下げる手段として，不動産税の増徴もオプション（改革Ⅲ）として提起している[23]。その理由は，ドイツの不動産税の負担水準は国際比較でみて相当に低く，また課税評価額が時価水準とかけ離れているなど構造的問題があり，どのみち早急な改革が求められているからである。現行のドイツ国内の不動産税収入は約100億ユーロ（租税収入総額の1.5％）であるが，仮に40億ユーロ増徴して140億ユーロになっても，ヨーロッパ内では低い水準である。この40億ユーロを減税財源にす

表5-9　地方経済税の導入（改革Ⅱ）　　（億ユーロ）

|  | 連邦・州 | 自治体 | 企　業 |
| --- | --- | --- | --- |
| 改革Ⅰ後の収入・負担 | -95 | +265 | -170 |
| 課税対象・課税ベースの拡大<br>租税指数または税率引下げ |  | +55<br>-55 | -55<br>+55 |
| 実際の収入・負担 | -95 | +265 | -170 |

（出所）　Bertelsmann Stiftung（2007），S.32.

---

22)　企業ごとの影響について『2007年提案』では，次のようにのべている。「納税義務者範囲の拡大は，税率をより低く設定しても収入中立での税収基盤を確保することを可能にする。このことは主要には現在の営業税納税者の負担軽減を意味するが，他面では従来経済関連インフラサービスの費用負担に加わっていなかった企業に追加的租税支払いを求めることになる。同様に，その租税負担も様々になりうるであろう。というのも新たな課税ベース（例えば，実物投資資本）の設定は，現在の営業税納税者に対しては様々に異なって作用するからである。これについては，モデル計算を待つことになる。全体として租税負担の再分配はより大きな租税公正をもたらすべきであろう。課税ベース拡大は原則として税率引下げを可能にするのである。」（Bertelsmann Stiftung, 2007, S.29.）

23)　Bertelsmann Stiftung（2007），S.30.

れば,それだけ地方経済税の税率水準は低くなり,企業負担はさらに軽減される(表5-10参照)。

このような改革モデルを総括してベルテルスマン財団『2007年提案』は次のようにのべる。「地方企業税は,一般的企業税制改革に埋め込まれつつ,企業の負担総額を全体として低下させ,とりわけ自治体税並びに連邦税の税率を引き下げるように構成することができる。これによってこのモデルは,ドイツ租税システムの国際競争可能性に対して積極的な貢献をなすことになる。財政絡み合いの解体と地方経済税の導入は,全体として市民,企業,そして投資家にとっての財政の透明性を強めることになる。租税負担は自治体インフラから利益を得ているすべての企業にバランスよく配分され,同時に税率も明白に引き下げることができる。広い課税ベースは税収の景気変動性を弱め,自治体にとっては財政計画がより確実なものとなる[24]。」

表5-10 不動産税の増徴（改革Ⅲ） (億ユーロ)

|  | 連邦・州 | 自治体 | 企　業 | 土地所有者 |
| --- | --- | --- | --- | --- |
| 改革Ⅱ後の収入・負担 | －95 | ＋265 | －170 |  |
| 不動産税の増徴<br>地方経済税率引下げ |  | ＋40<br>－40 | －40 | －40 |
| 改革Ⅲ後の収入・負担 | －95 | ＋265 | －130 | －40 |
| 改革（Ⅰ～Ⅲ）前後の比較 | 0 | 0 | ＋40 | －40 |

(出所) Bertelsmann Stiftung (2007), S.32.

このようにベルテルスマン財団の『2007年提案』は,財政・租税の絡み合いを廃止して名目企業税率の引下げを可能にすること,また等価原則に基づいて広く薄い課税となる地方経済税によって企業税率を引き下げることを目指した改革提案ということになる。これは従来の自治体サイドの要求とかなり合致したものになっているといえよう[25]。

---

24) Bertelsmann Stiftung (2007), S.31.
25) ベルテルスマン財団の改革提案については,提案作成者の1人であるトリーア大学教授（地方財政・環境経済学）ユンケルハインリッヒは,次のように総括してい

## 4　ドイツ都市会議からの評価

### 1）　地方自治体の基本的スタンス

　ドイツ企業税制改革は営業税改革を抜きにしては十分効果的なものにはなりえない。しかし一方で，営業税は地方自治体の主要税収であり，税率操作権も備えた自治的税源でもある。そのため実際の営業税改革は，自治体側の賛同と協力がなければ政治的には円滑に遂行することはできない。その意味では具体的な改革提案に対して，地方自治体側がどのように評価しているかは，その政治的実現可能性を考えるにあたっては極めて重要なことになる。そこで本章の最後に，市場経済財団およびベルテルスマン財団の営業税改革に対する自治体側の評価を検討しよう。なお，ここで自治体側の代表として特にドイツ都市会議（Deutscher Städtetag）の評価に注目したい。ドイツ都市会議は，市町村の中でも郡格市町村である都市自治体の代表機関であり，かつ都市経済を基盤にして営業税の利害が大きいからである。

　まず地方自治体側の企業税制改革に対する一般的認識を確認しておこう。これについては，ドイツ連邦財務省が企業税制改革案形成のために行った意見集約プロセスの中で，2006年4月3日に発表されたドイツ都市会議とドイツ都市・市町村同盟の共同声明が参考になろう。それによれば，自治体側の企業税

---

る。「付加価値に対応した価値ベースをもつ経済税，課税所得と結びついた住民税，そして土地および不動産の現実価値に応じた不動産税によって，市町村税体系の資源配分機能は強められ，需要額に対応した市町村間の租税収入の配分が全体として可能になる。これに対する異論はとりわけ，支払い側（経済税では従来の非納税者，不動産税での負担増大）での負担再配分に基づくものであろう。しかし，これらは課税の一般性を考えたならば切実に必要なことである。さらに，ベルテルスマン財団は—現実の改革議論では，かなり非典型的であるが—市町村財政システムの包括的改革を志向していること（牽連性原則，重層規制の解体，自治体社会扶助負担の撤収など）にも注目すべきである。市町村財政システムの個別要素の相互作用をも視野に入れた広範な提案だけが—その政治的実現性を前提にすれば—市町村を財政危機から救い，総合経済的効率性を促進する機会を提供するのである。」
　（Junkernheinrich, 2003, S. 437–438.）

制改革に対する基本的認識として次の2つが強調されている。1つは，国際競争におけるドイツ経済の現状からすれば企業の名目税率引下げは必要であるが，あくまでその財源は企業課税分野から調達されるべきという税収中立の立場である。いま1つは，企業税制改革と連動する市町村財政システムの変更は市町村の要求に適したものであるべきであり，また税率操作権を備えた経済力関連地方税は等価原則に適応した負担であり，市町村税基盤として保持されるべきということである[26]。

その上で，営業税については次のような変更は受け入れられないとしている。第1に，憲法で保障されている経済関連市町村税（営業税）での税率操作権を大きく骨抜きにすることである。営業税の税率操作権は，住民所得課税での税率操作権と交換できるものではない，という。第2に，自治体財源構成において，本来の市町村税に代わって連邦・州からの単なる交付金に一層置き換えることである。たとえその交付金の配分方式が企業や市町村経済力に応じたものであっても，それは受け入れられない。第3に，営業税の物税的特性をさらに骨抜きにし，企業資金調達に対する税制中立性を一層制限することである。第4に，自己資本への利子の控除によって経済関連地方税の課税ベースを縮小することである。

反対に，自治体側からすれば次のような変更は望ましいとされる。1つは，課税ベースの拡大であり，特に企業資金調達への税制中立をもたらすような課税ベースの拡大である。これが実現すれば，ドイツの課税ベースを犠牲にして従来から行われている利子支払いの外国から国内への移転を簡素かつ効果的に縮小することができる，という。そしていま1つは，課税対象つまり納税義務者範囲の拡大である。売上税法で規定するすべての企業を課税対象にし，納税義務者範囲を拡大すれば，現行営業税は一般地方企業税に発展することになる[27]。

また，都市の独自の利害を強調するものとして，ドイツ都市会議理事会は2005年9月20日に市町村税改革に対する都市の要求を発表している。それは，

---

26) Deutscher Städtetag (2006), S. 39-40.
27) Deutscher Städtetag (2006), S. 40.

①都市の租税収入が安定的に発展することが自明であること，②構造的問題をかかえる都市の租税収入力を相当に強化すること，③経済とその主要立地場所である都市との財政面での結合の環を弱めないこと，④経済関連市町村税での税率操作権を通じた，都市にとって不可欠の財政可動性の余地を制限なく保障すること，というものであった[28]。

## 2) ドイツ都市会議からの評価

上記のような観点に立つドイツ都市会議からすると，市場経済財団とベルテルスマン財団の改革案に対する評価の度合いは相当に異なってくるのは容易に想像できよう。

まず，市場経済財団の市町村税システム改革案に対しては，先の都市会議理事会決定（2005年9月）において拒否の態度を示している。それは，同改革案が市町村税システムの要求に多くの点で応えておらず，また都市にとっては財政的，経済的，社会的な面から相当な損害をもたらすと考えられるからである。そして具体的には次の5つの点を特に問題にしている[29]。

第1に，現行営業税での税率操作権が損なわれており，賃金税市町村参与も実質的には連邦・州からの交付金になってしまう。これは憲法で保障された地方自治権の制約になる。

第2に，この改革による負担再配分では，企業，特に資本会社にもっぱら有利となり，労働者や消費者など企業以外の納税者に負担拡大となってしまう。

第3に，営業税廃止とその代替財源（地方企業税と賃金税市町村参与）という改革では都市は「負け組」になる。なぜなら，市町村の租税基盤における企業貢献分の削減は，「経済活動」の集中する中・大都市にとってとりわけ損失になるからである。

第4に，住民税における税率操作権は，周辺市町村との関連で中心都市問題をより先鋭化しかねない[30]。

---

28) Deutscher Städtetag (2006), S.35.
29) Deutscher Städtetag (2006), S.35.
30) 現代ドイツの都市圏では居住の郊外化が進む結果として，中心都市は周辺市町村

第5に，不動産税改革も租税指数に差を設けなければ，いずれにせよ都市に負担になる。都市は主要な経済立地の場所であり，会社不動産への大幅な負担軽減が実施されれば，都市の税収減になるからである。

　他方，市場経済財団の改革提案に対する否定的評価とは対照的に，ドイツ都市会議はベルテルスマン財団の改革提案に対しては好意的に受け入れ，その内容についても概して高く評価している。まず全体としてドイツ都市会議が歓迎できるのは，同提案が中立の立場から経済関連の市町村税の改革提案を現実の議論の場にもたらしたこと，そして市町村税システム，特に営業税の将来を一般的企業税制改革検討の副産物としてではなく，市町村税システムの改革要求をベースにして取り扱っていること，としている。その上で具体的には次の4点について積極的に評価する[31]。

　第1は，経済関連の市町村税について，その課税ベースをもっぱら利潤に基づくのではなく，追加的課税ベースとして実物投資資本や賃金額を不可欠のものとしていることである。これは，都市や市町村が経済不況期においてもその行政課題を遂行できるよう租税収入を確保するには必要なことである。

　第2に，当該地域のすべての経済活動を地方企業課税に関連づけていることであり，これはドイツ都市会議が多年にわたって要求してきたことである。

　第3に，納税義務者の範囲と課税ベースの拡大によって，企業（従来の営業税納付企業）に対して税率引下げの余地を開いていることである。このことは，企業税制改革において主に志向されている名目企業税率引下げに関して，営業税からの貢献となる。

　第4に，営業税納付制度の廃止，所得税・法人税・営業税での営業税コスト算入の廃止によって，連邦・州・市町村の財政上の絡み合いが解消されること

---

　　に比べて所得水準の低い住民層の比重が高くなっている。それ故，所用財源を確保するために中心都市はより高い住民税率を設定する必要がでてくるが，高い住民税率を設定すると高額所得層がさらに郊外に転出する誘因になってしまう，という問題である。

31) Deutscher Städtetag (2006), S.37-38. なお，ここでのドイツ都市会議の評価は，ベルテルスマン財団の『市町村財政の改革』（2003年提案）に対してなされている。

も意義がある。現行制度では営業税負担が実際よりも高く見えてしまう。財政上の絡み合い解消によって，現実の営業税負担の透明性・明瞭性が増すことになる。

なお，ベルテルスマン財団のいう税率操作権付きの住民税案については，市場経済財団案に対するのと同様に，ドイツ都市会議は批判的にみている。

## おわりに

2000年代における上記のような営業税改革議論を背景にもちつつ，前章および本章「はじめに」でものべたようにドイツでは2008年に画期的な企業税制改革が実施された。その内容を営業税に関連して整理すれば次のようなことである[32]。

第1に，営業税率の引下げである。営業税の租税指数を5％から3.5％に引き下げる。これによって企業の負担する営業税率は20％から14％に低下する（市町村の営業税賦課率400％の場合）。

第2に，営業税の課税ベースの拡大である。つまり企業収益への加算要素として，従来の長期債務利子の50％のみから，長期・短期債務利子だけでなく家賃，賃料，リース料，ライセンス料の25％を課税ベースとする。

第3に，営業税をめぐる財政的絡み合いの縮小である。つまり，営業税租税指数の引下げに伴う市町村営業税収の減少分を補填するために，連邦・州への営業税納付率を引き下げる。また法人税・所得税・営業税の算定における営業税負担額の経営コスト算入を廃止することになった。

これらは一見して，①連邦・州・市町村の財政的絡み合いの除去と，②地方経済税による課税ベース拡大と税率引下げ，を求めたベルテルスマン財団の改革提案にかなり近いことがわかる。第4節でもみたように，ベルテルスマン財団提案に対しては自治体サイドの評価は概して肯定的であり，同提案に近い改

---

32) 本書，第4章，参照。

第5章　企業税制と営業税問題

革内容は政治的にも実現性がより高かったであろう。また，2008年改革の全体像からいえば，一方で法人税率は15％へとさらに引き下げて，経済界の要望にかなり応えており，他方での営業税改革の内容は自治体サイドの要望に応えるというバランスをとっている。

　第1節でみたように2003年の連邦政府・営業税改革法案は，企業税率の面では市町村経済税（営業税）の税率（租税指数）を引き下げるが，法人税率引下げについては当然ながら言及していない。また，自治体収入という面では市町村経済税率引下げによる減収を，売上税市町村参与の拡大という交付金によって補填しようとするものである。前者については経済界には不満が残り，後者については自治体サイドに不満が残る内容であった。こうした2003年法案に比べると，上記のような2008年改革はその内容において経済界および自治体に受け入れやすいものになっていた，といえそうである。

# 第6章
# 富裕税（純資産課税）の動向と再導入論

## はじめに

　ドイツはEU諸国の中の最大の経済大国であり，リーマンショック以降混乱するEU経済の中にあってドイツ経済は「一人勝ち」といわれる状況にある。しかしその一方で，2000年代に入るとドイツは，国民の間での所得格差だけでなく資産格差も拡大する「格差社会」の様相を強めている。そして，近年ドイツの税制改革の議論でも，従来の企業競争力のみを重視した所得税・法人税率引下げ傾向を批判し，応能原則を重視した富裕者への課税強化を求める論調も少なくない[1]。

　富裕者課税としては一般に，フローの所得面では所得税累進課税の強化ないし再構築が求められ，ストックの所有資産面では富裕税（純資産税）の活用が考えられる。ところでドイツには第1次大戦後から最近まで富裕税（純資産税）たる財産税が存在したが，この財産税は1997年度以降徴収されていない。

　そこで本章では，ドイツにおける富裕税（純資産税）の歴史的経緯を検証しながら，資産格差拡大という現代ドイツ社会にあっての純資産税の意義やねらいについて検討してみたい。構成は以下のとおりである。第1節では，税制の国際比較によって，ドイツは資産課税の比重は小さいものの，その中で純資産課税だけは比較的大きな位置を占めてきたことを示す。第2節では，ドイツの純資産課税の中心たる財産税の内容と課税の経験を歴史的に総括する。第3節では，近年ドイツの所得格差および資産格差の状況を検討し，資産格差が拡大していることを確認する。第4節では，2000年代における格差拡大・財政赤字

---

1) 応能原則や公平性を重視した近年の税制改革論については例えば，Liebert (2011), S. 221–225, Arbeitsgruppe (2007), S. 117–125, (2010), S. 123–132, (2012), S. 113–129, を参照されたい。

拡大の中で，近年提起されている富裕者の純資産課税構想としての財産税の再導入および財産課徴金について紹介しよう。

# 1　ドイツの資産課税

### 1）小さな資産課税

　資産は所得，消費と並んで主要な課税ベースの１つであり，資産課税は現代国家財政においても重要な役割を果たしている。ドイツの資産課税収入は2009年度で203億ユーロであるが，租税・社会保障負担総額8,863億ユーロの中では2.3％の比重であり[2]，必ずしも大きな規模を占めているわけではない。しかし，資産課税はストックへの課税という側面から富裕者課税や資産格差是正という租税の現代的機能を果たすことが可能であり，現にドイツでは第１次大戦後から1996年度まで財産税（Vermögensteuer）という富裕者課税を実践してきた歴史もある。そこで本節では，まず資産課税の構成を整理した上で，ドイツにおける資産課税の現状と，富裕税（純資産税）の歴史および税収推移について概観しておこう。

　資産課税には大きく分けて資産保有税と資産移転税がある。資産保有税には代表的なものとして不動産税と富裕税（純資産税）がある。不動産税は土地・建物の評価額を課税ベースに，納税義務者の負担能力に関わりなく比例税率によって物税的に課税されるものであり，応益原則に適うものとして多くの国で地方税として活用されている。一方，富裕税（純資産税）は，不動産，金融資産，実物資産など保有資産総額を課税ベースにしつつ，高い課税最低限（控除額）の設定と累進税率の適用という人税的特徴を発揮して，もっぱら富裕層への課税による財源確保を意図するものである。また富裕税の中には，毎年経常的に評価される純資産税とは別に，特別の財源確保を理由に臨時的に一回限りに課税される純資産課徴金もある。

---

　2）　OECD（2011），p.171.

## 第6章　富裕税（純資産課税）の動向と再導入論

　他方，資産移転税の代表的なものには，相続税・贈与税と金融・資本取引税がある。相続税・贈与税は，経常的に課税される富裕税とは異なり，資産移転時のみに課税されるものであるが，控除額の設定や累進税率適用によって富裕層への課税が可能であり，富裕税と同様に所得再分配機能によって所得税制を補完したり，資産格差是正の機能を果たすことができる。また，金融・資本取引税とは，金融資産や資本資産の有償移転について取引価格を課税ベースに課税するものであり，為替売上税や不動産取引税などがある[3]。

　それでは税収面からみた場合，現代ドイツの資産課税はどのような点に特徴があるのであろうか。表6－1はドイツ，フランス，イギリス3カ国での資産課税収入の租税・社会保障負担総額に占める比率を1975年度，1990年度，2009年度でみたものである。ここからは次の4点が指摘できる。第1に，税収全体に占める資産課税の比重ではドイツは相対的に小さい。イギリスの8～12％，フランスの5～8％に対してドイツは2～3％にすぎない。第2に，各国の資産課税の主要部分を占める不動産税の比重についてもドイツは相対的に小さい。つまり，イギリスの6～10％，フランスの3～5％に対してドイツは1％台にすぎない[4]。第3に，資産移転税たる相続税・贈与税と金融・資本取引税についてみても，その合計税収の比重ではドイツは1％前後であり，フランス，イギリスの2％前後に比べると相対的に小さい。第4に，資産課税の小さいドイツの中にあって，純資産税の比重は1975年度2.0％，1990年度1.4％もあり，資産課税の最大部分を占めると同時に3カ国の中でも最高比率を示していた。イギリスでは純資産税もない。しかし，2009年度になるとドイツではもはや純資産税は課税されていない。

---

3) 現代先進諸国の資産課税の構成や意義については，Schratzenstaller（2011），篠原（2009）第1章を参照されたい。
4) 不動産税は一般に地方自治体の主要税源に位置づけられている国が多い。地方税収に占める不動産税の比率（2009年度）をみると，イギリス100％，フランス43％に対して不動産税収規模の小さいドイツでは16％にとどまっている（OECD, 2011, pp.274-275, 297）。

表6-1 3カ国の資産課税の規模（租税・社会保障負担に占めるシェア）(%)

|  | ドイツ |  |  | フランス |  |  | イギリス |  |  |
| --- | --- | --- | --- | --- | --- | --- | --- | --- | --- |
|  | 75 | 90 | 09 | 75 | 90 | 09 | 75 | 90 | 09 |
| 資産課税 | 3.8 | 3.4 | 2.3 | 5.1 | 6.3 | 8.0 | 12.7 | 8.2 | 12.2 |
| 不動産税 | 1.1 | 1.0 | 1.2 | 3.2 | 3.4 | 5.6 | 10.8 | 6.6 | 10.2 |
| 純資産税 | 2.0 | 1.4 | - | - | 0.6 | 0.4 | - | - | - |
| 相続税・贈与税 | 0.1 | 0.4 | 0.5 | 0.7 | 1.0 | 0.9 | 0.8 | 0.6 | 0.5 |
| 金融・資本取引税 | 0.4 | 0.7 | 0.5 | 1.2 | 1.4 | 1.0 | 0.7 | 0.8 | 1.5 |

（出所） OECD (2011), pp. 166-167, 171, 231.

このようにみるとドイツの租税構造においては，資産課税そのものはそれほど大きな税収規模をもっていないものの，その中で純資産税だけは比較的大きな位置づけを与えられていたことがわかる[5]。そこで次に，ドイツの純資産税についてより詳しくみてみよう。

### 2）ドイツの純資産課税

表6-2はOECD (2011) に基づき，ドイツの純資産課税（Reccurent taxes on net wealth）収入の推移（1965～2009年度）をみたものである。同表でわかるように，ここには純資産税として財産税（Vermögensteuer），負担調整課徴金（Lastenausgleichsabgabe），営業資本税（Gewerbekapitalsteuer）が計上されている[6]。営業資本税は，ドイツの代表的市町村税たる営業税（Gewerbesteuer）の一部であり，企業の営業資本額を課税ベースにする市町村税として第1次大戦後から1997年度までの課税実績がある。ただ営業資本税は基本的には応益原則に基づく市町村税として物税的に課税されてきたのであり，応能原則や人税的側面を重視すべき純資産税に算入することは必ずしも適当とはいえない[7]。それ故ここでは，ドイツの純資産課税としては財産税と負担調整課徴金のみに注

---

5) ドイツの資産課税の現状については，Bach (2009b) も参照のこと。
6) なおOECD (2011) では，財産税は一般財産税（general wealth tax）として，負担調整課徴金は戦争負担均等化（equalization of war burden）として，営業資本税は企業税（enterprise tax）として英語表記されている。
7) ドイツの営業税および営業資本税の歴史と経緯については，関野（2005）第1章～第3章を参照されたい。

146

第6章　富裕税（純資産課税）の動向と再導入論

表6-2　ドイツの純資産税収の推移　　（100万ユーロ）

|  | 1965 | 1975 | 1985 | 1990 | 1995 | 2000 |
|---|---|---|---|---|---|---|
| 財産税（A） | 961 | 1,707 | 2,192 | 3,238 | 4,016 | 433 |
| 負担調整課徴金（B） | 852 | 635 | 1 | − | − | − |
| 営業資本税 | 717 | 1,482 | 1,730 | 2,975 | 2,910 | 0 |
| 合　計 | 2,530 | 3,824 | 3,923 | 6,213 | 6,926 | 433 |
| A＋B：（C） | 1,813 | 2,342 | 2,193 | 3,238 | 4,016 | 433 |
| Cの租税・社会保障負担に占める比率 | 2.4% | 1.2% | 0.6% | 0.7% | 0.6% | 0.0% |

（出所）　OECD（2011）．

目しておきたい。

　さて表6-2によると，財産税と負担調整課徴金の合計収入額は1965年度の18億ユーロから1995年度の40億ユーロへと30年間で約2倍に増加している。一方，その租税・社会保障負担に占める割合は，1965年度には2.4％あったが，その後は1975年度1.2％，1985〜95年度0.6〜0.7％と低下し，2000年度には0％になっている。特に負担調整課徴金については1980年代以降は徴収されていない。つまり税収規模でみると，戦後ドイツの純資産課税は傾向的には低下しているのである。

　それはともかく，ここでは，ドイツの純資産税として近年まで課税されてきた財産税と負担調整課徴金の歴史と内容について簡単に確認しておこう。ところでその前史としてまず，1919年にドイツ政府が導入した緊急財産課徴金（Reichsnotopfer）について触れておく必要があろう。第1次大戦後のドイツ政府は，膨大な戦時国債債務の元利負担，戦勝国への賠償負担，経常的な財政赤字に対処するため，いわゆるエルツベルガー財政改革を行う。その一環である緊急財産課徴金は，当時の社会主義勢力の影響もあって「資産・所得の平等化」，「大きな所有格差の均等化」も意図しつつ富裕者資産への一回限りの課徴金を課すものであった。具体的には，①課税ベースは1919年12月末時点で所有する不動産資産，経営資産，資本資産（有価証券など），②税率は10〜65％の累進税率，法人の場合は10％均一税率，③個人の基礎控除額は5,000マルク（夫婦1万

マルク），④1919年度一回限りの課徴金であるが，30年間の分割支払い（不動産は50年間）も認める，というものであった。だが，この緊急財産課徴金は数年を経てほとんど失敗に終わった。その大きな原因は，①資産評価を正確に行い，課税ベースを十分に捕捉することが困難であったこと，②高い負担率に対する政治的抵抗や租税抵抗，租税流出を引き起こしたこと，③とりわけ，超インフレーションの進行が，課徴金の分割支払い負担を実質的に無価値にしてしまったこと，である[8]。かくして，緊急財産課徴金は廃止され，1923年度より経常的な財産税に置き換えられる。この財産税が結果的には，1996年度まで継続して徴収されることになった。

　財産税は1923年以降，ライヒ（連邦政府）の経常的な純資産税として個人および法人に課税され，その税率は0.5～0.75％という軽度の累進課税になった。第2次大戦前後の一時期に課税中断されるが，戦後のドイツ連邦共和国（西ドイツ）の成立以降，財産税は州税（課税ベース，税率は連邦全体で統一）となる。税率は後述のように均一税率で0.5～1％の間を推移した。その税収規模をGDP比でみると図6－1に示されるように，1920～30年代においては0.3～0.6％，1950～70年代は0.4％程度あったが，1980年代には0.3％，1990年代には0.2％へと次第に低下し，1997年度からは財産税徴収は停止されている。

　次に，負担調整課徴金とは第2次大戦後の負担調整基金（Lastenausgleichfond：1952～85年度）の財源として徴収された純資産課徴金である。ここでの「負担調整」とは，第2次大戦に伴い被害・損失を被った旧占領地・旧東ドイツ地域からの引揚者，帰国者，戦争被害者の生活再建・復興を支援するための財政支出の財源を，戦時利得者や戦争被害の少なかった富裕者・資産家への課徴金課税によって確保することを通じて，国民の間での負担調整を図るということである。

　財産課徴金（Vermögensabgabe）自体は1949年から徴収されていたが，1952年以降は負担調整基金の中での負担調整課徴金という名目で徴収されることに

---

8) 緊急財産課徴金については，Mann (1928)，Bach (2012) を参照。

第6章 富裕税（純資産課税）の動向と再導入論

図6-1 財産税および負担調整課徴金の税収規模（GDP比）の推移

（出所）Bach（2011c），S.128.

なった。その課税ベースは基本的には財産税と同じ純資産であり，1948年時点の資産評価に基づく。個人だけでなく，法人も課徴された。税率は課税ベース（控除あり）の50％であるが，1979年までの30年間の分割支払いも認められた。賦課された課徴金総額（収入見込み）は420億マルクであり，これは1952年のGDPの60％に相当していた。ただ，課徴金額は1950年初頭時点の名目額で固定されているため，その後の経済成長とインフレーションの結果として実質的負担は急速に小さくなっていった。先の図6-1からもわかるように，毎年度の負担調整課徴金の対GDP比規模は1950年代には1～2％もあったが，1960年代以降急速に低下して1980年代にはゼロになっている[9]。

9) Mann（1925），Bach（2011c），S.127-129，Bach, Beznoska und Steiner（2010），S.24-28，Bach und Beznoska（2012b），S.12-16. なお，第2次大戦後ドイツの

## 2　ドイツの財産税（純資産税）

　第2次大戦後ドイツの純資産課税には経常的な財産税と一回限りの課徴金たる負担調整課徴金があった。ともに富裕者の純資産に課税して，財源確保と一定程度の資産格差是正を目的にしていた。ただ，財産税は経常的に課税して州政府の一般財源として活用されていたが，負担調整課徴金はドイツ国民の間での戦争被害負担の事後的調整を図るという特定目的のための臨時的な財源調達であった。つまり，国民の間での資産格差を恒常的に是正し，また所得税による所得再分配機能を補完するという意味では，経常的な純資産課税である財産税がその役割を果たしてきたといえるであろう。そこで，第2節では戦後ドイツの財産税の状況についていま少し検討しておこう。

　まず表6－3は1972～95年度の財産税負担総額を自然人（個人）と非自然人（法人など）に分けてみたものである。自然人の負担額は1950年代以降一貫した上昇傾向にあり，1980年度7.9億ユーロから1995年度25.5億ユーロへと3.2倍になっている。一方，非自然人の負担は1983年度の14.9億ユーロをピークにそれ以降は停滞的である。その結果，負担額配分でみると1970年代後半～80年代前半には非自然人が6割を占めていたが，1990年代には自然人の割合が逆に大きくなり1995年度には67％に達している。

　次に表6－4は同期間の財産税率と基礎控除額（自然人，経営資産）の推移を示している。自然人については，税率は1972年度の1.0％から1980～93年度には0.5％に低く維持されていたが，他方で一人当たり基礎控除額が1974～93年度まで3.5万ユーロに据え置かれていた。先にみた1980年代以降の自然人の財

---

　　負担調整について詳しくは，Wiegand（1992），Wenzel（2008），Hauser（2011）も参照のこと。また，実際の負担調整基金（1952～85年度）の財源実績額は，総額1,264億マルクのうち負担調整課徴金462億マルク（財産課徴金369億マルク，債務利得課徴金75億マルク，信用利得課徴金18億マルク），連邦・州補助金479億マルク，公債収入166億マルク，貸付金返済147億マルクなどであり，負担調整課徴金は財源全体の約36％であった（Wiegand, 1992, S. 168, 175, 198.）。

第6章 富裕税（純資産課税）の動向と再導入論

表6-3 財産税収入額の推移

| 年 度 | 財産税収入額（100万ユーロ） ||| 構成比（％） ||
|---|---|---|---|---|---|
| | 自然人 | 非自然人 | 合 計 | 自然人 | 非自然人 |
| 1972 | 720 | 681 | 1,415 | 50.9 | 48.1 |
| 1974 | 664 | 599 | 1,286 | 51.7 | 46.6 |
| 1977 | 881 | 1,338 | 2,262 | 38.9 | 59.2 |
| 1980 | 788 | 1,181 | 2,006 | 39.3 | 58.9 |
| 1983 | 992 | 1,490 | 2,523 | 39.3 | 59.1 |
| 1986 | 1,150 | 1,190 | 2,382 | 48.3 | 50.0 |
| 1989 | 1,444 | 1,328 | 2,816 | 51.3 | 47.2 |
| 1993 | 1,681 | 1,210 | 2,932 | 57.3 | 41.3 |
| 1995 | 2,552 | 1,241 | 3,804 | 67.1 | 32.6 |

（注）税収合計にはその他も含む。
（出所）Bach und Beznoska（2012b），S.14.

表6-4 財産税の税率，控除額の推移

| 年 度 | 財産税率（％） || 一人当たり基礎控除額（千ユーロ） | 経営資産の控除限度額（千ユーロ） |
|---|---|---|---|---|
| | 自然人 | 非自然人 | | |
| 1972 | 1.0 | 1.0 | 10.2 | - |
| 1974 | 0.7 | 0.7 | 35.7 | - |
| 1977 | 0.7 | 1.0 | 35.7 | - |
| 1980 | 0.5 | 0.7 | 35.7 | - |
| 1983 | 0.5 | 0.7 | 35.7 | - |
| 1986 | 0.5 | 0.6 | 35.7 | 63.9 |
| 1989 | 0.5 | 0.6 | 35.7 | 63.9 |
| 1993 | 0.5 | 0.6 | 35.7 | 255.6 |
| 1995 | 1.0 | 0.6 | 61.3 | 255.6 |

（出所）Bach und Beznoska（2012b），S.14.

産税負担額増加は，この基礎控除据え置きの効果によるものであろう。なお1995年度には，控除額引上げ（6.1万ユーロ）の一方で，税率を再び1.0％に上昇させたため，自然人の財産税負担額も急増している。非自然人については，税率は1972年度の1.0％から1980年度0.7％，1986年度以降0.6％に引き下げられている。また経営資産の控除限度額も1980年代の6.4万ユーロから1993年度

には25.5万ユーロに引き上げられている。これらの税率引下げと経営資産控除引上げは，先にみた1980年代後半以降における非自然人の財産税負担額の停滞の要因であろう。

さらに表6-5によって財産税の納税者総数と比率をみてみよう。自然人については，納税者総数は1974年度の40.5万人から1993年度には101.6万人まで増加している。全世帯に占める財産税納税世帯の比率は1970～90年代を通じてほぼ2～3％前後である。ただ，1974年度の1.7％から1993年度の3.6％へと一貫した上昇傾向にあったこと，また基礎控除引上げのあった1995年度には3.1％へと若干低下していたことに注意すべきである。非自然人については，1980年代前半までは法人税納税義務企業のうち6～7割が財産税納税企業であったが，経営資産控除の導入と引上げのあった1980年代後半以降には1～2割台に低下していることがわかる。

表6-5　財産税の納税義務者数の推移

| 年　度 | 自然人 ||  非自然人 ||
|---|---|---|---|---|
|  | 人　数<br>(千人) | 世帯に占める比率(％) | 企業数<br>(千社) | 法人税納税企業に占める比率(％) |
| 1972 | 519 | 2.3 | 98 | - |
| 1974 | 405 | 1.7 | 84 | 74.2 |
| 1977 | 478 | 2.0 | 113 | 71.6 |
| 1980 | 528 | 2.1 | 139 | 59.6 |
| 1983 | 631 | 2.5 | 184 | 66.1 |
| 1986 | 686 | 2.6 | 69 | 21.1 |
| 1989 | 906 | 3.3 | 86 | 22.4 |
| 1993 | 1,016 | 3.6 | 46 | - |
| 1995 | 904 | 3.1 | 45 | 7.1 |

（出所）　Bach und Beznoska（2012b），S.14.

さて，財産税の規模は収入額でみると第2次大戦後から1980年代にかけてほぼ増加傾向にあったが，対GDP比でみると前述のように1950年代の0.4％から1990年代には0.2％へと低下している（図6-1）。財産税収入のGDP比が低下してきた大きな原因は，不動産資産の評価額について1964年以降新規の評価替

えがなされず，1990年代には時価（取引価格）の10〜20％程度に縮小してしまったからである。こうした中で連邦憲法裁判所は，財産税の資産評価での不動産資産の優遇状態を憲法違反とする決定を下すにいたった。他方では，1990年代以降の経済グローバル化や新自由主義イデオロギーの影響下で，純資産に課税する財産税そのものへの反発も大きくなってきた。当時の連邦議会多数派（キリスト教民主・社会同盟CDU／CDS，自由民主党FDP）は，財産税の廃止を要求しつつ，不動産資産の評価替えについては相続税に関しては認めても，財産税については妨げた。結局，財産税法は廃止されなかったものの，1997年度以降の財産税徴収は行われなくなってしまった[10]。

ところで，経常的な純資産税の廃止ないし縮小はドイツの財産税の事例のみではなく，1990年代から2000年代にかけて多くのヨーロッパ諸国でみられた傾向でもある。1990年度時点での純資産税をもつ主要ヨーロッパ諸国とその租税・社会保障負担に占める比率をみると，オーストリア（1.2％），デンマーク（0.2％），フィンランド（0.0％），フランス（0.6％），ドイツ（1.4％），アイスランド（2.1％），ルクセンブルク（4.6％），オランダ（0.5％），ノルウェー（1.7％），スペイン（0.6％），スウェーデン（0.4％），スイス（4.3％）という12カ国があった。ところが，2009年度でみると上記諸国のうち8カ国（オーストリア，デンマーク，フィンランド，ドイツ，アイスランド，オランダ，スペイン，スウェーデン）では純資産税の廃止ないし徴収停止になっている。2009年度時点で純資産税を徴収している主要ヨーロッパ諸国は，フランス（0.4％），ルクセンブルク（5.1％），スイス（4.3％），ノルウェー（1.4％）およびベルギー（0.1％）の5カ国にすぎない[11]。

このようなドイツおよびヨーロッパ諸国での純資産税の衰退の背景には，基本的には1980年代以降における新自由主義的思想および供給派経済学の影響と，

---

10) Bach（2011c），S.127-128. 財産税廃止・停止をめぐる当時のドイツ国内での議論状況については，Bleeker-Dohmen（2004），Bleeker-Dohmen und Strasser（2011）がある。

11) OECD（2011），pp.140-236. 先進諸国の富裕税の経緯，現状については，石倉（2005），吉牟田（2005）も参照。

経済グローバル化・EU拡大に伴う各国の租税競争があろう。つまり，ヨーロッパ諸国は自国の経済活性化，雇用確保を目標に主要税たる所得税・法人税の税率引下げだけでなく，富裕者＝経済的成功者への課税という象徴的な意味合いの強い純資産税の廃止に動いたのである。なお，北欧諸国およびオランダでの純資産税廃止ないし縮小については，これらの国での二元的所得税導入による資本性所得の捕捉・課税の実現に伴う対応措置と考えることもできよう。

## 3　ドイツにおける所得・資産格差

ドイツの財産税は1997年度以降課税されていない。つまり現代ドイツにおいて，その規模はともかく，直接的かつ経常的に資産格差是正機能を担う純資産課税は存在しないことになった[12]。ところで，現代ドイツ社会は，税制による格差是正機能が不要になるほど平等社会になったかというと，事態は全く反対である。1990年代から2000年代にかけてドイツ国民の間での所得格差および資産格差は，1989年の東西ドイツ統合の影響もあって，より深刻になっているのである[13]。

まず所得格差の状況について簡単に確認しておこう。ドイツの世帯個票データ（ドイツ社会経済パネルSOEP）を利用したBecker（2009）によれば，世帯市場所得（等価所得）のジニ係数は1999年の0.448から2005年の0.497へと0.049ポイント（11％）上昇しており，勤労所得や資産所得などから構成される市場所得レベルでの世帯間格差は拡大しているのである。さらに，市場所得に年金等の公的給付を加え，所得税・社会保障負担を差し引いた世帯純所得のジニ係数でも同期間に0.256から0.306へと0.050ポイントつまり20％も上昇しており，純

---

12) 世代間の資産移転税としての相続税（州税）は存続しているが，財産税ほどの税収規模はない（表6－1，参照）。
13) 1990～2000年代にかけてのドイツの所得格差，資産格差の状況については，Becker und Hauser（2003），Stein（2004），Hauser（2009），Frick und Grabka（2009），Becker（2009），Frick, Grabka und Hauser（2010），Lauterbach, Druyen und Grundmann Hg.（2011），丸谷・永合（2007）があり，参照のこと。

所得レベルでの不平等も拡大しているのである[14]。

こうなった理由としては、市場所得での格差拡大も当然あるが、それと並んで重要なのはドイツでは「税制改革2000」プログラムによって所得税の最高税率が53％（1999年度）から42％（2005年度）へと順次引き下げられ、その結果所得税の所得再分配機能が大きく縮小されてしまったことが指摘できる[15]。

次に、世帯の資産格差についてみてみよう。表6－6は1980～90年代の西ドイツ、東ドイツ（統一後）、およびドイツ全体での世帯純資産のジニ係数と十分位別シェアをみたものである。なお同表での資産は、世帯の貨幣資産および不動産資産のみを対象にしている。また純資産とは粗資産額から債務額を差し引いた額である。そしてこの表からは次の3点が指摘できる。第1に、所得に比べると資産保有の世帯間格差はいっそう大きいことである。先にみた世帯純所得ジニ係数が0.3程度であったのに対して、純資産のジニ係数は0.6～0.7で2倍以上もある。つまり世帯の資産保有は所得以上に不平等に配分されているのである。第2に、とはいえ1980年代・90年代においては資産格差の一定の縮小傾向もみられていた。西ドイツ地域でみると、ジニ係数は1983年の0.683から1993年の0.622へと0.06ポイント低下し、また第10分位の保有シェアも同期間に48％から41％に低下している。さらに、統一後の東ドイツ地域の資産格差も1990年代においてジニ係数、第10分位シェアともに低下していることがわかる。第3に、1990年代後半になると、資産格差にやや拡大の傾向も出ていることに注意すべきである。ドイツ全体のジニ係数では1993年の0.653から1998年の0.660へと微増しているのである。

そして、表6－7はドイツ全体の2000年代における世帯純資産の状況を簡単に示したものである。なお、表6－7の原資料はドイツ社会経済パネル（SOEP）であり、そこでの資産内容には貨幣資産、不動産資産だけでなく経

---

14) Becker (2009), S.90.
15) ドイツ所得税の所得再分配機能と税制改革2000の影響については、本書、第1章を参照されたい。なお、所得税の最高税率は2007年度より再度45％に引き上げられている。

表6-6　ドイツ世帯の純資産配分の状況（1980年代・90年代）

|  | 年 | 世帯純資産のジニ係数 | 第10分位シェア | 第1〜5分位シェア |
|---|---|---|---|---|
| 西独 | 1983 | 0.683 | 48.1% | 3.3% |
|  | 1988 | 0.668 | 45.0 | 3.4 |
|  | 1993 | 0.622 | 40.8 | 5.6 |
|  | 1998 | 0.640 | 41.9 | 4.6 |
| 東独 | 1993 | 0.693 | 52.6 | 6.0 |
|  | 1998 | 0.676 | 47.8 | 5.2 |
| 全体 | 1993 | 0.653 | 43.6 | 4.5 |
|  | 1998 | 0.660 | 44.0 | 4.1 |

（注）　純資産の対象は，貨幣資産および不動産資産のみ。
（出所）　Stein（2004），S.188, 210.

営資産等も含まれており，より実態に近くなっているが，同時に表6-6に比べると世帯間格差のジニ係数はより大きく表れてくる[16]。そしてここでも，純資産のジニ係数は，2002年の0.755から2007年の0.774へと0.02ポイント上昇し，資産格差が拡大していることがわかる。とりわけ注目すべきは，第10分位の資産シェアが55％から58％に上昇していること，つまり人口の10％の資産最上位層が純資産全体の約6割を占有している事実である。逆に下位50％のシェアは1％未満になっている。このように1980年代から1990年代前半にかけては，世帯純資産の保有格差は一定程度の縮小傾向にあったが，1990年代後半から2000年代にかけては純資産保有の世帯間格差が再び大きくなっているのである。

表6-7　ドイツ世帯の純資産配分の状況（2000年代）

| 年 | 世帯純資産のジニ係数 | 第10分位シェア | 第1〜5分位シェア |
|---|---|---|---|
| 2002 | 0.755 | 55.5% | 1.4% |
| 2007 | 0.774 | 58.2 | 0.9 |

（出所）　Frick, Grabka und Hauser（2010），S.30.

---

16）　そうなる理由は，後述（表6-8）のように，経営資産はもっぱら第10分位が所有しているからである。

第6章 富裕税（純資産課税）の動向と再導入論

　それでは，世帯資産は具体的にはどのような内容で構成されているのであろうか。表6－8は2007年時点でのドイツ全体の個人資産の状況を示している。これによると次のことがわかる。第1に，粗資産総額は7兆240億ユーロであり，債務額9,790億ユーロを差し引いた純資産総額は6兆450億ユーロである。第2に，粗資産の中でも主要資産は不動産資産が66％（うち自己利用48％，賃貸用途18％）と最も大きく，次いで貨幣資産・有価証券等が23％，経営資産9％になっている。第3に，賃貸用不動産，経営資産では第10分位の所有シェアが82～96％と圧倒的であり，これらはもっぱら富裕層の資産基盤になっていることがわかる。

表6－8　個人資産の総額（2007年）　　（10億ユーロ）

|  | 評価額 | 構成比(％) | 第10分位シェア(％) |
| --- | --- | --- | --- |
| 不動産（自己利用） | 3,396 | 48.3 | 45.6 |
| 不動産（賃貸用，等） | 1,245 | 17.7 | 82.5 |
| 貨幣資産，有価証券，等 | 1,653 | 23.5 | － |
| 経営資産（個別企業） | 317 | 4.5 | 89.7 |
| 経営資産（資本参与） | 326 | 4.6 | 96.1 |
| 金，宝石等，金貨，収集物 | 87 | 1.2 | 75.5 |
| 粗資産総額 | 7,024 | 100.0 | 56.9 |
| 不動産債務額 | 979 | － | － |
| 純資産総額 | 6,045 | － | － |

（出所）　Bach, Beznoska und Steiner（2010），S. 37, 41.

　以上みてきたように，2000年代ドイツにおいては所得格差および資産格差はともに拡大しており，「格差社会」という現実はより深刻化している。本来ならば税制による再分配機能の発揮が求められる局面である。しかしドイツ税制の実際は，前述のように，一方で税制改革2000による所得税最高税率引下げが行われ，他方では富裕者資産への課税たる財産税も1997年度以降停止状態にあって，全体として富裕者を優遇する構造になってしまっている。とはいえこうした状況の中で，税制による再分配機能の強化を求める構想や主張も提起されている。そこで，次節では近年のドイツにおいて主張されている富裕者への純資産課税の構想に注目してみたい。

## 4  近年における純資産課税構想

### 1)  財産課税の活用論

　近年のドイツの租税政策の分野では「富裕税（Reichensteuern）」が再び強く論じられるようになっている。その背景には，先にみたように1990年代以降，稼得所得の配分が明確に両極化してきたことがある。つまり，企業所得や資産所得は傾向的に上昇し，資産配分の集中も高まってきた一方で，大衆所得は停滞し低所得層の稼得所得は低下さえしてきた。加えて，金融危機・経済危機による国家債務の著しい増加は，政府財政への再建圧力を明白に高めてきた。こうした中で，所得税最高税率の引上げ，資本収益税の引上げ，さらには財産税の復活への諸提案が増えつつある，という[17]。

　財産（純資産）への課税強化を主張しているのは政治的には左派陣営であり，社会民主党（SPD）や左翼党（Linke）は財産税の復活を，また同盟90／緑の党（Bündnis 90／Die Grünen）は1990年代においてはドイツ再統一経費の財源調達のために，近年においては金融・経済危機に伴う財政負担の財源調達のために財産課徴金を構想している。ところで，財産税復活での租税技術上および政治上のアキレス腱としては，従来からいわれているように，不動産価格の新規評価替えの困難と外国への資本投資による租税流出の問題があった。しかし，これについては近年，財産課税にとって新しい展望が開けてきたという。それは1つには，不動産資産および経営資産についての相続税評価方式が2009年度より改正されたが，そこで開発された実践的評価方式が財産税にも応用可能であること。いま1つは，租税オアシスや金融地域への財政当局の圧力の強化や情報入手が大きな役割を演じて，外国への資本投資による租税流出が減退してきたといってもよいことである[18]。こうした展望の下で，近年ドイツにおいては財産税の再導入および財産課徴金が具体的に提起されている。

---

17)  Bach und Beznoska (2012b), S. 9.
18)  Bach und Beznoska (2012b), S. 16.

第6章　富裕税（純資産課税）の動向と再導入論

## 2) 財産税の再導入

まず，財産税の再導入構想については，Bach und Beznoska（2012）がある。これはライン・プファルツ州財務省，バーデン・ヴュルテンブルク州財政経済省，ハンブルク州財政局，ノルトライン・ヴェストファーレン州財務省共同の委託研究プロジェクトとして，財産税の再導入シナリオとその効果をドイツ社会経済パネル（SOEP）2007年版データをもとにシミュレーション分析したものである。

ここで考えている新しい財産税の内容は以下のとおりである。

・資産価値は取引価格で評価される。
・経営資産およびその他の資産種類において特別の物的控除は行わない。
・人的控除は一人当たり200万ユーロ，夫婦もしくは同居人の共有資産は2倍とする。
・子供控除ないし子供との共有資産は予定しない。
・法人については20万ユーロまでの課税資産は非課税範囲とする。
・資本会社と他法人の資産の二重課税を回避するために資産5割評価（Halbvermögenverfahren）を認める。
・法人の場合，他の法人への資本参与分は，その参与比率に関わらず非課税とする。
・自然人および法人への税率はともに均一の1％とする。

従来の財産税の最終年度である1996年度の税率が1％（自然人）および0.6％（非自然人），一人当たり控除額が6.1万ユーロ，経営資産の控除限度額25.5万ユーロであったことと比較すると（表6－4参照），新しい財産税構想は，個人については課税対象をより富裕者にしぼっていること，法人資産の課税強化にも留意していることが特徴として指摘できよう。

さて，Bach und Beznoska（2012）は，新しい財産税による課税ベース，納税義務者，税収見込みについて，SOEP（2007年版）の個票データを利用してシミュレーションを行っている。なお個人（自然人）の資産については，SOEPデータでは超富裕層の資産内容が十分に反映されていないため，

manager magazin誌(2007年)による国内最富裕者300人の資産データも利用しており，より実態に近い推計が可能になったとされている。

 表6-9は自然人についての人的控除額を200万ユーロに設定した場合の財産税の課税ベース，納税義務者数，税収の試算結果(2007年)を示している(なお，参考として人的控除額100万ユーロ，300万ユーロのケースも試算している)。それによると，①納税義務者数は14.3万人，成人人口の0.2%である。②課税ベースは8,470億ユーロでGDP比33%に相当する。③課税ベース配分を純資産所有別にみると，上位1%に99.9%，特に上位0.1%に90.4%が集中している。④財産税収は84.7億ユーロで，GDP比0.3%になる。⑤財産税(税率1%)によって資産配分のジニ係数は0.02ポイント改善される。

表6-9 財産税のシミュレーション(2007年)

|  | 人的控除 200万ユーロ | 参考(人的控除) 100万ユーロ | 参考(人的控除) 300万ユーロ |
| --- | --- | --- | --- |
| 課税ベース(10億ユーロ) | 847 | 1,069 | 731 |
| 同   (GDP比) | 33% | 42% | 29% |
| 納税義務者数(千人) | 143 | 384 | 104 |
| 同(成人に占める比率) | 0.2% | 0.5% | 0.1% |
| 課税ベースの配分シェア |  |  |  |
| 　純資産順位1~99% | 0.2% | 2.4% | 0.0% |
| 　99.1~99.9% | 9.5% | 19.6% | 4.8% |
| 　上位0.1% | 90.4% | 78.1% | 95.2% |
| 財産税収入(10億ユーロ) | 8.47 | 10.69 | 7.31 |
| 同   (GDP比) | 0.3% | 0.4% | 0.3% |
| 財産税による試算ジニ係数の変化 | −0.02 | −0.03 | −0.02 |

(出所) Bach und Beznoska (2012b), S.47.

 次に，表6-10は法人についての納税義務企業数，課税ベース額を2007年時点で会社形態別に示している。ここからは次のことがわかる。①75.1万社のうち財産税の納税義務企業となるのは14.0万社，18.7%である。②法人の課税ベース総額は6,690億ユーロであるが，企業数の多い有限会社が課税ベース全

第6章　富裕税（純資産課税）の動向と再導入論

表6-10　法人の財産税シミュレーション（2007年）

|  | 企業数（A） | 納税義務企業数（B） | B／A（％） | 課税ベース（10億ユーロ） | 1社当たりの課税ベース（百万ユーロ） |
|---|---|---|---|---|---|
| 有限会社 | 734,191 | 131,325 | 17.9 | 511.0 | 3.9 |
| 株式会社など | 11,822 | 5,110 | 43.2 | 125.1 | 24.5 |
| その他法人 | 5,253 | 3,978 | 75.7 | 33.2 | 8.3 |
| 合　計 | 751,266 | 140,413 | 18.7 | 669.3 | 4.8 |

（注）　20万ユーロ未満の法人資産は非課税。
（出所）　Bach und Beznoska（2012b），S.47.

体の76％を占めている。③1社あたりの課税ベース額では株式会社等が2,400万ユーロで最も高い。

そして表6-11は，自然人と法人を合計した税率1％での財産税の状況をより最新の経済事情を反映させて推計したものである。財産税収総額は165億ユーロ（自然人89億ユーロ，法人76億ユーロ）となり，これは2011年のGDPの0.64％に相当する。

表6-11　財産税のシミュレーション（税率1％：2011年）

|  | 自然人 | 法　人 | 合　計 |
|---|---|---|---|
| 課税ベース |  |  |  |
| 　金額（10億ユーロ） | 890 | 760 | 1,650 |
| 　対GDP比 | 35％ | 30％ | 64％ |
| 財産税収入 |  |  |  |
| 　金額（10億ユーロ） | 8.9 | 7.6 | 16.5 |
| 　対GDP比 | 0.35％ | 0.30％ | 0.64％ |
| 納税義務者数 | 143,000 | 164,000 | 307,000 |

（出所）　Bach und Beznoska（2012b），S.51.

このように，ここで検討された財産税（税率1％，人的控除200万ユーロ）は，①従来の財産税以上に負担が富裕層に集中しており，資産格差是正に一定の効果がある。②GDP比0.6％という財産税収規模は，第2次大戦後のそれが0.2～0.4％であったこと（図6-1参照）と比べても大きい。③全体として，もっぱら富裕者の純資産への課税強化による政府（州）財源の確保，資産格差是正

という機能がより明白に表れている，と考えられよう。

### 3）財産課徴金構想

　2008年リーマンショック以降の世界的な金融・経済危機に伴い，一方での税収減と，他方での銀行救済策や景気対策等のための財政支出拡大によって，ドイツ連邦政府の債務残高も2008年度9,330億ユーロから2011年度1兆370億ユーロへと1,000億ユーロ以上も急増した[19]。こうした中で，同盟90／緑の党（連邦議会議員団）は，この金融危機に起因する連邦債務残高を削減するための一回限りの財産課徴金（Vermögensabgabe）の実施を主張している。その主な内容は次のとおりである[20]。

　第1に，この課徴金は，ドイツの憲法たる基本法第106条第5項1に基づくものである。基本法では，「一回限りの財産課徴金および負担調整の実施のために徴収される課徴金」は連邦財源とする，とされている。第2節でみた1952年の負担調整課徴金も基本法のこの規定に基づくものであった。

　第2に，課徴金の課税対象は，個人の純資産額つまり個人が国内外に所有する不動産資産，経営資産などの粗資産から債務額を差し引いた額とする。法人企業の資産そのものは課税対象としないが，個人の企業資産持ち分は課税対象となる。ただし，家族企業の資産実体課税になることを避けるために，年間の課徴金額は経営収益（課税前）の最大35％に制限する。

　第3に，成人の基礎控除額は一人当たり100万ユーロ，子供は一人当たり25万ユーロとする。これによって想定される課税対象者数は約33万人，成人人口の0.6％である。ドイツの最富裕層の純資産のみが課税対象となる。

　第4に，財産課徴金の税率は1.5％であり，10年間にわたる分割支払いを認める。そして課徴金収入総額は約1,000億ユーロとなる。

　なお，同盟90／緑の党からの委託研究としてBach, Beznoska und Steiner（2010）は，SOEPデータ等を用いてこの財産課徴金構想のシミュレーション分析を行っている。課徴金収入額1,000億ユーロを前提にして，表6－12は

---

19) BMF (2012).12.
20) Bündnis 90／Die Grünen (2012).

第6章　富裕税（純資産課税）の動向と再導入論

SOEP（2007年版）データを用いて，表6－13はSOEPデータに加えて，前述の*manager magazin*誌（2007年）による最富裕者300人の資産データも加味して試算したものである。表6－12によれば，個人基礎控除額100万ユーロ（子供25万ユーロ）とすると，税率2.05％，納税義務者34万人（人口の0.6％）であり，課徴金総額の47％は上位0.1％が負担している。一方，基礎控除25万ユーロとすると，税率は0.60％に下がるが，納税義務者は440万人（人口の7.7％）と広くなり，課徴金総額に占める上位0.1％のシェアも19％に低下してしまう。超富裕層の現実の純資産を反映した表6－13によれば，基礎控除100万ユーロでも，税率は0.67％に抑えることができ，さらに上位0.1％の課徴金総額の負担シェアも81％に上昇している。

表6－12　財産課徴金のシミュレーション（SOEPベース）

| 人的控除額<br>子供控除額 | 25万ユーロ<br>10万ユーロ | 50万ユーロ<br>25万ユーロ | 100万ユーロ<br>25万ユーロ |
|---|---|---|---|
| 課徴金税率 | 0.60％ | 1.17％ | 2.05％ |
| 納税義務者（千人） | 4,407 | 1,151 | 342 |
| 同・人口比率 | 7.7％ | 2.3％ | 0.6％ |
| 課徴金負担配分 |  |  |  |
| 　純資産順位1～99％ | 47.1％ | 13.3％ | 0.0％ |
| 　99.1～99.9％ | 33.4％ | 55.7％ | 53.4％ |
| 　上位0.1％ | 19.5％ | 31.0％ | 46.6％ |

（注）　経営資産控除は200万ユーロ。
（出所）　Bach, Beznoska und Steiner（2010），S.81.

表6－13　超富裕者の資産も算入した財産課徴金シミュレーション

| 人的控除額<br>子供控除額 | 25万ユーロ<br>10万ユーロ | 50万ユーロ<br>25万ユーロ | 100万ユーロ<br>25万ユーロ |
|---|---|---|---|
| 課徴金税率 | 0.39％ | 0.55％ | 0.67％ |
| 課徴金負担配分 |  |  |  |
| 　純資産順位1～99％ | 30.4％ | 6.2％ | 0.0％ |
| 　99.1～99.9％ | 22.1％ | 27.1％ | 18.7％ |
| 　上位0.1％ | 47.5％ | 66.7％ | 81.3％ |

（出所）　Bach, Beznoska und Steiner（2010），S.81.

## おわりに

　上記に紹介した財産税と財産課徴金の構想は，法人負担の有無のちがいはあれ，ともに均一税率であるが，個人負担に関しては控除額の設定水準の高さによって，富裕層への負担集中が実現しうるものとなっている[21]。もし実現されるならば，富裕層負担による財源確保と資産格差是正への一定の効果を発揮しうるものとなろう。ただこれは基本的には現在の連邦議会レベルでの一部ないし野党勢力の主張であり，ドイツの税制においてただちに実現可能かどうかは今のところ不明である。とはいえ，実際のドイツ税制の歴史において様々な純資産課税の経験と実績が積まれてきているのも事実であり，今後の税制改革の議論の中で登場することも十分にありえよう。

---

[21] これらの構想と別に，政治的左派の立場から代替的経済政策を提言する研究グループArbeitsgruppe Alternative Wirtschaftspolitik*Memorandum 2012*において，資産格差是正と政府財源調達のために，次のような財産課徴金と財産税を同時に提案している。財産課徴金は，①個人と法人が課税対象であり，個人基礎控除は100万ユーロ（子供25万ユーロ）で，経営資産控除200万ユーロ。②想定される課税ベースは1兆8,400億ユーロに対して課徴金税率2％によって，課徴金収入額は3,000億ユーロを見込むが，10年間の分割支払いを認める。③課徴金は2010年1月1日現在の所有純資産に賦課されるため，実施後の課税回避行為は不可能となる。一方，この財産課徴金を補完するものとして財産税も提案する。この財産税は，①個人のみが課税対象となり，控除額は4人家族50万ユーロ（夫婦30万ユーロ，子供10万ユーロ）だが，自宅用住宅は課税対象外となる。②税率1％で毎年200億ユーロの財産税収入が期待できる，というものである。Arbeitsgruppe（2012），S.124－129.

# 第7章
# 環境税制改革

## はじめに

　ドイツにおいては1999年～2003年に環境税制改革が実施されたが，これは一方でエネルギー消費・$CO_2$排出抑制をめざしてエネルギー関連税を増税し，他方で増税による増収を財源にして公的年金保険料軽減を実現する，いわゆる「二重の配当」を意図したものであった。つまり，この環境税制改革は環境改善という具体的効果だけでなく，ドイツの租税・社会保険料の負担構造にも影響を与えるものなのである。そこで本章では，このドイツの環境税制改革の意義・効果と限界について，具体的な経済および財政の資料に基づいて実証的に検証したい[1]。本章の構成は以下のとおりである。第1節では環境税制改革によるエネルギー関連税の増税計画の内容と，財政・経済への効果概要を説明する。第2節では，環境税制改革によるエネルギー関連税増税と年金保険料率引下げによる産業・家計への実際の負担状況を確認する。第3節では，環境税制改革期間における環境改善効果の検証を行いつつ，環境改善への同改革構想自体の限界について指摘する。第4節では，環境税制改革がドイツの租税・社会保険料負担構造にいかなる影響を与えたかを確認する。第5節では，上記の効果，限界，負担構造の検討も踏まえて，今後のドイツにおけるエネルギー関連税の拡大など環境税制改革について若干の展望を示す。

---

1) ドイツの環境税制改革に関する我が国での先行研究としては，諸富（2000），朴（2009），佐藤（2011）（2012a）（2012b）がある。

## 1 環境税制改革の概要

### 1) 環境税制改革の背景

　1990年代以降，地球温暖化問題が深刻化するに伴い先進諸国においては，自国の$CO_2$排出量を抑制・削減する一手段として環境税を導入し活用する動きが出ている。1990年代初頭には北欧4カ国とオランダにおいて炭素税が導入されたのに続いて，2000年前後にはイギリスの気候変動税（2001年），イタリアの炭素・エネルギー税（1999年）と並んでドイツの環境税制改革（1999～2003年）も実施されている。そして，これら諸国の環境税制改革において基本的に共通しているのは，いわゆる「二重の配当」をデザインしていることである。つまり，1つには，新税として炭素税や電力税などを導入したり，既存の燃料課税（ガソリン税など）を増税することによって，$CO_2$排出など環境に負荷を与える生産・消費活動を抑制し，環境政策の効果を発揮することである（第一の配当）。いま1つは，環境税制改革は単なる増税政策ではなく原則として税収中立であり，環境関連税制による増収を財源にして所得税減税や社会保険料率引下げなどで「労働コスト」の引下げに活用される。「労働コスト」が低下すれば，企業の雇用意欲を増加し，雇用問題や失業問題が改善されるという効果が生まれる（第二の配当）。周知のとおり1990年代以降ヨーロッパ諸国での失業問題は深刻な状況が続いているが，その中での環境税制改革とはいわば「環境問題と雇用問題の同時解消」をめざす改革戦略なのである[2]。

　さて，ドイツにおいては環境税制改革（ÖSR：Ökologische Steuerreform）のアイデアの紹介そのものはすでに1980年代になされているが，「二重の配当」を含めた環境税制改革の具体的構想や実現可能性の議論が本格化するのは，1994年にドイツ経済研究所（DIW）が実施したシミュレーション分析『環境税制

---

2) 環境税制改革による「二重の配当」については，諸富（2000），朴（2009）を参照。

改革の経済効果』[3] の発表以降のことである。環境関連税の増税は一般的には，企業の生産コストを上昇させ，自国企業の国際競争力の低下などで経済・雇用に悪影響を与えかねないと不安視される。しかし，ドイツ経済研究所が行った環境税制改革による経済成長，雇用，エネルギー消費に与えるシミュレーション分析によれば，2005年までの10年間に，一方ではドイツ国内に新たに80万人の雇用が創出され，他方では$CO_2$排出量も15％削減されるという結果が示され，いわゆる「二重の配当」仮説の実現可能性が実証された[4]。

この実証研究を契機にドイツの主要政党，環境団体，労働組合，研究団体などが各々の具体的な環境税制改革の構想を提起するにいたり，最終的には1998年に政権交代を果たした社会民主党（SPD）と緑の党（Grünen）の連立政権（赤緑政権：Rot-grüne Regierung）によって1999年～2003年の環境税制改革として実現される[5]。

### 2） 環境税制改革（1999年～2003年）の概要

ドイツの環境税制改革は1998年「導入法」，1999年「継続法」，2002年「発展法」に基づき，1999年から2003年までの5年にわたり連続的に遂行された。その主な概要と特徴は次の3点である[6]。

第1に，エネルギー関連税の大幅でかつ段階的な増税である。表7－1に示すように，輸送用燃料税（ガソリン税，ディーゼル税）は99年から03年まで段階的に毎年3.07セント（1ℓ当たり）増税する。03年税率はガソリン税65.4セント，ディーゼル税47.0セントとなり，改革前の98年と比べるとそれぞれ1.3倍，1.5倍に増税される。天然ガス税は99年と03年の2段階で増税されて，03年税率は98年に比べると2.9倍になる。また，発熱軽油税は99年に，発熱重油税は03年に増税されて，それぞれの03年税率は98年に比べて1.5倍，1.4倍の増税となっている。一方，エネルギー関連の新税として電力税が99年に税率1.02セン

---

3) DIW (1995).
4) Schlegelmilch (2005), p.7, DIW (1995).
5) ドイツ環境税制改革の歴史については，Schlegelmilch (2005), pp.7-9.
6) Bach, Bork, Lutz, Meyer, Praetorius und Welsch (2001), Truger (2001b), Meyer (2006), 朴 (2009), 参照。

ト（1kw時当たり）で導入され，かつ03年まで毎年0.26セントの税率引上げがなされて，最終的には03年2.05セントの税率となる。エネルギー関連税の増税が段階的になされているのは，増税負担の影響を緩和することもあるが，一定のタイムスパンの中で企業や家計に対してよりエネルギー節約的な経済行動を選択するよう促すことを意図している。

表7-1 エネルギー税率の推移　　　　　（セント）

| 課税対象(課税単位) | 税率 1998年度 | 税率 2003年度 | 各年度の税率上昇幅 1999年度 | 2000年度 | 2001年度 | 2002年度 | 2003年度 |
|---|---|---|---|---|---|---|---|
| ガソリン（1ℓ） | 50.10 | 65.45 | 3.07 | 3.07 | 3.07 | 3.07 | 3.07 |
| ディーゼル（1ℓ） | 31.69 | 47.04 | 3.07 | 3.07 | 3.07 | 3.07 | 3.07 |
| 天然ガス（1kw時） | 0.19 | 0.554 | 0.164 | － | － | － | 0.20 |
| 発熱軽油（1ℓ） | 4.09 | 6.14 | 2.05 | － | － | － | － |
| 発熱重油（1kg） | 1.79 | 2.50 | － | － | － | － | 0.71 |
| 電力（1kw時） | － | 2.05 | 1.02 | 0.26 | 0.26 | 0.26 | 0.26 |

（出所）　OECD（2012a），p.47，Bach（2009a），S.220.

　第2に，エネルギー関連税の増収部分は基本的には公的年金の社会保険料率引下げに充当される。つまり，ドイツの環境税制改革も原則として税収中立であり，企業・家計は一方でエネルギー関連税の増税によって生産コストや生計費の上昇という負担を被るが，他方では事業主および被用者としては年金保険料負担の引下げという恩恵を受けることになり，結局マクロ経済的にみれば負担は相殺されるということになる。民間企業経営にとっては，社会保険料の事業主負担という賃金付随コストが抑制されて雇用意欲増加に結び付くという「二重の配当」が期待されている。

　第3に，エネルギー税増税は，産業分野の中ではとりわけエネルギー多消費型産業の負担増大となり，当該企業の経営環境の悪化や国際競争力の低下になりかねないことに配慮して，環境税制改革の中にも広範な負担軽減措置が取り入れられた。具体的には，①農林水産業および生産的産業（produzierende Gewerbe：製造業，鉱業，電力・ガス・水道業，建設業）に属する企業の電力税と発熱油税については，各々の税額が年間1,000マルク（500ユーロ）を超える部

分については軽減税率（標準税率の20％）を適用して課税する。②上記の軽減税率にもかかわらず，生産的産業に属する企業のエネルギー関連税の負担増加分が，公的年金保険料の事業主負担軽減額の120％以上に達する場合は，その超過分の電力税，天然ガス税，発熱油税が当該企業に還付される（最高負担額調整：Spitzenausgleichないし純負担調整：Nettobelastungsausgleich）。③上記①，②の特別措置は1999年〜2003年までであり，2004年以降については，軽減税率は標準税率の60％に，また純負担調整は当該企業のエネルギー関連税の負担増加分が年金保険料軽減額の100％を超過する部分の95％を還付することに変更される。④公共交通（鉄道，市街鉄道，トロリーバス，地下・高架鉄道）の電力税負担については，標準税率の50％を適用する，等である。逆にいうと，輸送用燃料税について負担軽減措置はなく，また商業，金融，サービス業等，および家計については，負担軽減の対象とはされていない。

なお，ドイツの環境税制改革（1999年〜2003年）では，石炭は課税対象からはずされていた。しかし，2003年のEUエネルギー税指針において加盟国のエネルギー最低税率が定められたことを受けて，ドイツでも2006年エネルギー税法によって，発熱利用の石炭に対して0.33ユーロ（1ギガ・ジュール当たり）の石炭税が2006年から課税されることになった。

### 3） 環境税制改革の実績と効果

本節の最後に，この環境税制改革による財政上の実績と全体的効果を簡単に確認しておこう。まず表7－2は，1999年〜2008年における環境税制改革によるエネルギー関連税の増収額の推移と，その公的年金保険基金への充当額および年金保険料率の引下げ幅を示している。増収額は99年の43億ユーロから次第に増加して03年には187億ユーロに達し，04年以降は約180億ユーロの規模で推移している。増収額の大半は公的年金保険基金に充当されており，充当額も99年の45億ユーロから03年の161億ユーロにまで増加している。そしてこの充当財源による年金保険料率の引下げ幅は99年の0.6％から順次拡大し03年には1.7％に達し04年以降もそれを維持している。このようにドイツの環境税制改革は，99年以降のエネルギー関連税の増収をもたらし，公的年金保険料率の引

下げに活用されてきたことが確認できる。

表7－2　環境税制改革による増収とその財源利用　（億ユーロ）

| 年　度 | 鉱油税,電力税の増税(A) | 財源利用額(B) | うち公的年金保険基金へ | 差　引 A－B | 公的年金保険料率の引下げ%ポイント |
|---|---|---|---|---|---|
| 1999 | 43 | 46 | 45 | －3 | －0.6 |
| 2000 | 88 | 85 | 84 | 3 | －1.0 |
| 2001 | 118 | 114 | 112 | 4 | －1.3 |
| 2002 | 143 | 139 | 137 | 4 | －1.5 |
| 2003 | 187 | 166 | 161 | 21 | －1.7 |
| 2004 | 181 | 165 | 160 | 16 | －1.7 |
| 2005 | 178 | 164 | 159 | 14 | －1.7 |
| 2006 | 174 | 161 | 155 | 13 | －1.7 |
| 2007 | 178 | 162 | 156 | 16 | －1.7 |
| 2008 | 180 | 160 | 154 | 20 | －1.7 |

（出所）　Bach（2009a），S.222.

次に表7－3は，環境税制改革による$CO_2$排出量，GDP，雇用への影響をシミュレーション分析したものである。$CO_2$排出量は2003年以降には2.8〜3.0%程度の削減となり，一定の環境効果を発揮している。また雇用については，02年以降には0.5〜0.6%程度の増加（約20万人の雇用増）となり，雇用への一定のプラス効果も認められる。一方，GDPについては，初年の99年こそエネルギー節約関連投資増によって0.2%増となるが，中長期的には経済成長効果はそれ

表7－3　環境税制改革の経済効果　（%）

| 年 | $CO_2$排出量 | GDP | 雇　用 |
|---|---|---|---|
| 1999 | －0.78 | 0.24 | 0.58 |
| 2000 | －1.80 | 0.12 | 0.43 |
| 2001 | －2.25 | 0.03 | 0.34 |
| 2002 | －2.49 | 0.09 | 0.55 |
| 2003 | －2.81 | 0.10 | 0.64 |
| 2005 | －2.85 | 0.02 | 0.56 |
| 2010 | －3.00 | －0.10 | 0.49 |

（注）　1998年と比較しての変化率。
（出所）　Bach, Bork, Lutz, Meyer, Praetorius und Welsch（2001），S.84.

ほど見込まれてはいない[7]。

## 2 環境税制改革の負担構造

### 1) 産業分野別にみた負担構造

　前節で確認したように，ドイツの環境税制改革は基本的には税収中立であり，エネルギー関連税の増収分の大半は公的年金保険料の負担軽減に充当され，マクロ経済的には純負担増にはならないこと，またエネルギー多消費型産業の企業には負担軽減措置つまり軽減税率の適用や純負担調整による税金還付によって，過大な負担発生にならないように配慮されていること，という特徴があった。

　しかしながら，個々の産業（企業）や家計にとっては，この環境税制改革による負担変化は当然ながら様々に表れざるをえない。なぜなら，そもそも個々の産業（企業），家計のエネルギー関連税の負担増と年金保険料負担の軽減分が厳密に一致する保障はないからである。また，家計にとってはガソリン，ディーゼル，電力などのエネルギー消費は生活必需財であり，間接税であるエネルギー関連税の増税は付加価値税と同様に所得逆進的な負担にならざるをえないこともある。そこで以下では2003年時点における，環境税制改革による産業分野別の企業の純負担の状況と，所得十分位別および世帯種類別にみた家計の純負担の状況を確認しておこう。

　表7－4は環境税制改革による企業負担状況を産業分野別（家計も含む）にみたものである。同表からは次の3点を指摘できる。第1に，産業・家計の負担増減の状況は次のとおりである。国民経済全体によるエネルギー税負担増加は186億ユーロであるが，その内訳は産業（企業）93億ユーロ，家計93億ユーロとほぼ半々になっている。一方，年金保険料負担軽減分は産業68億ユーロ，家計93億ユーロであり，家計は増税分をほぼ相殺しているが，産業全体では純

---

7) Bach, Bork, Lutz, Meyer, Praetorius und Welsch (2001), S.83-84, Bach (2009a), S.223.

負担増加が25億ユーロでありGDP比の0.06％の純負担増になっている。

表7－4 環境税制改革の財政効果（産業分野別：2003年）

(100万ユーロ,％)

|  | 環境税負担増 | 年金保険料負担減 | 純負担効果 差引 | 純負担効果 GDP比 |
| --- | --- | --- | --- | --- |
| 農林水産業 | 439 | 39 | 400 | 0.85 |
| 鉱業 | 45 | 38 | 7 | 0.05 |
| 製造業 | 2,004 | 1,853 | 151 | 0.01 |
| 電力・ガス・水道業 | 85 | 81 | 4 | 0.00 |
| 建設業 | 458 | 348 | 111 | 0.07 |
| （上記小計） | (3,032) | (2,358) | (673) | 0.03 |
| 商業・飲食・ホテル | 1,438 | 1,049 | 389 | 0.10 |
| 交通・通信業 | 1,699 | 444 | 1,255 | 0.52 |
| 金融・リース・企業サービス | 1,208 | 1,080 | 127 | 0.01 |
| 公共・民間サービス | 1,913 | 1,836 | 77 | 0.01 |
| 全産業分野合計 | 9,289 | 6,768 | 2,521 | 0.06 |
| 家計消費 | 9,385 | 9,379 | 5 | － |
| 国民経済全体 | 18,673 | 16,147 | 2,526 | － |

（出所） Bach（2009a），S.223.

　第2に，産業分野別では，農林水産業，交通・通信業の純負担増が各々GDP比で0.85％，0.52％もあり，産業全体の0.06％を大幅に上回っている。負担軽減措置が適用される農林水産業において純負担増が大きくなっている理由としては，①農業者の場合は，所属年金制度が異なり公的年金保険料率引き下げの恩恵を受けないこと，②小企業・事業が多く，電力税および発熱油税について軽減税率の対象となるほどのエネルギー消費（年額500ユーロ以上の税負担額）規模に達しないこと，などがあろう。交通・通信業での純負担増が大きくなっているのは，①そもそも負担軽減措置が適用されないこと，②交通・通信業においてはエネルギー関連税の中でも輸送用燃料であるガソリン税，ディーゼル税の負担が大きいが，この両税はそもそも税率が高く，軽減税率も適用されていないこと，があろう。これ以外では，建設業（GDP比0.07％），商業・飲食・ホテル業（同0.10％）の純負担増もやや大きい。

第3に，逆に純負担（GDP比）が相対的に小さくなっているのは，製造業，金融・リース・企業サービス，公共・民間サービス業であり，ともにGDP比0.01％の純負担増にとどまっている。後者の2分野は，エネルギー集約型ではなく労働集約型であり，負担軽減措置対象外であるが，年金保険料率引下げによる負担軽減の効果が大きいと考えられる。一方，ドイツの代表的産業である製造業は，エネルギー関連税の負担軽減措置と年金保険料負担軽減の効果もあって，GDP比0.01％という低い純負担になっている。

　いうまでもなく，製造業はドイツの代表的産業でありかつ代表的輸出産業でもある。その製造業において，環境税制改革による純負担増が相対的に小さくて済んでいるということは，エネルギー関連税増税による国内産業の国際競争力低下に配慮した負担軽減措置が有効に機能しているともいえよう。ただし，これに関しては2つのに点に留意する必要がある。1つは，同じ製造業であっても分野によってはエネルギー消費や労働集約の程度は異なり，環境税制改革の影響も相当に異なることである。表7－5は，製造業分野別の純負担の状況を示している。食品，製紙，ガラス・陶器，金属生産・加工では純負担増加は当該産業分野GDP比の0.08％～0.10％にも達し，産業全体の純負担0.06％よりも高い。その一方で，比較的労働集約的で年金保険料負担軽減の恩恵も多く受けやすいと考えられる機械製造，電気製造，自動車では純負担は逆に0.02％～0.07％のマイナスで実質軽減されていることがわかる。つまり分野によっては，企業は一律のエネルギー税負担軽減措置のおかげで，むしろ「利益」を得ている可能性もある。

　これについては，OECD編『ドイツ経済白書　2012年版』でも次のようにのべて，国際競争力喪失のリスクを過大評価していると批判している。「多くの負担軽減措置はエネルギー集約セクターや国際競争に直面しているセクターにターゲットが絞られている。例えば，環境税はエネルギー集約産業には適用されず，最大負担額調整制度の下で，輸出向け製造業の企業には社会保険料軽減額を上回る環境税額支払額の90％の還付が保障されている。このような負担軽減措置は，企業競争力への課税による否定的影響を制限することを目的にして

いる。確かに，国際的競争力への配慮は正当であるが，負担軽減されているいくつかの企業については競争力喪失のリスクが過大評価されているようにみえる[8]」，と。

表7－5　製造業分野別にみた環境税制改革の財政効果(2003年)

(100万ユーロ, %)

|  | 環境税<br>負担増 | 年金保険料<br>負担減 | 純負担効果 差引 | 純負担効果 GDP比 |
|---|---|---|---|---|
| 食品 | 274 | 137 | 136 | 0.08 |
| 製紙 | 68 | 41 | 27 | 0.08 |
| 化学 | 205 | 151 | 54 | 0.04 |
| ゴム・プラスチック | 82 | 87 | －5 | －0.01 |
| ガラス・陶器 | 108 | 66 | 43 | 0.10 |
| 金属生産・加工 | 132 | 74 | 58 | 0.09 |
| 金属組立 | 178 | 165 | 13 | 0.01 |
| 機械製造 | 200 | 319 | －119 | －0.07 |
| 電気製造 | 106 | 129 | －23 | －0.03 |
| 自動車 | 216 | 280 | －64 | －0.02 |
| 製造業全体 | 2,004 | 1,853 | 151 | 0.01 |

(出所)　Bach (2009a), S.223.

　そして，いま1つ留意すべき点は，製造業を代表とするエネルギー多消費型産業に対してエネルギー関連税の負担軽減措置を導入したことによって，当該産業分野の企業にとってエネルギー節約のインセンティブを弱めてしまい，結果的に$CO_2$排出量抑制など環境政策の効果を損なう可能性があることである。この環境政策への効果に関連しては次節でより詳しく検討することにしたい。

### 2) 家計の負担構造

　次に家計負担にとっての環境税制改革の影響をみてみよう。表7－6はエネルギー消費に伴うエネルギー税増税分の家計可処分所得に対する比率（2003年）を所得十分位別に示したものである。同表からはエネルギー税増税分が家計所得に対して逆進的負担になっていることが確認できる。つまり，家計全体

---

8)　OECD (2012b), p.94.

では増税分の負担率は0.75%であるが，低所得層たる第1～4分位では1.0%前後であるのに対して，所得階層が上昇するとともに負担率は低下し，第10分位では0.47%になっているのである。各エネルギー税すべてについてほぼ逆進的負担になっているが，特に輸送燃料税（ガソリン税，ディーゼル税）と電力税での負担割合が大きいことが確認できる。

表7-6 所得分位別にみた家計のエネルギー税増税の負担状況（対可処分所得比率，2003年）

(%)

|  | ガス | 発熱油 | 電力 | 輸送燃料 | 合計 |
|---|---|---|---|---|---|
| 第1分位 | 0.12 | 0.06 | 0.41 | 0.45 | 1.05 |
| 第2分位 | 0.11 | 0.06 | 0.33 | 0.49 | 0.98 |
| 第3分位 | 0.11 | 0.05 | 0.28 | 0.50 | 0.94 |
| 第4分位 | 0.10 | 0.05 | 0.27 | 0.52 | 0.94 |
| 第5分位 | 0.09 | 0.05 | 0.24 | 0.48 | 0.86 |
| 第6分位 | 0.10 | 0.05 | 0.23 | 0.48 | 0.85 |
| 第7分位 | 0.09 | 0.05 | 0.21 | 0.45 | 0.80 |
| 第8分位 | 0.08 | 0.04 | 0.19 | 0.42 | 0.73 |
| 第9分位 | 0.07 | 0.04 | 0.17 | 0.37 | 0.66 |
| 第10分位 | 0.06 | 0.03 | 0.12 | 0.26 | 0.47 |
| 全体 | 0.08 | 0.04 | 0.21 | 0.41 | 0.75 |

（出所） Bach (2009a), S.225.

そして表7-7は公的年金保険料率引下げ分も含めた環境税制改革全体の影響（可処分所得に対する比率）を，家計種類別・所得十分位別にみたものである。この表からは次の3点がわかる。第1に，家計全体でみれば，エネルギー税増税による負担と逆進性は，年金保険料率引下げによって相当に解消されている。このことは，全体負担率が0.75%から0.02%へ大幅に縮小し，低所得層の負担率も0.1%程度に低下していることから確認できる。第2に，しかし，負担率の程度は低下したとはいえ，環境税制改革そのものの軽度の逆進性の状況は，家計全体であれ家計種類別であれそれぞれ残っている。第3に，単身者や子供なしの家計では，環境税制改革によって純負担の減少となり「利益」を得ている。これは家計構成員が少ないほど，生活必需財たるエネルギー関連税の増税

分の影響が小さくなることによる，と考えられよう。

表7-7 所得分位別にみた家計への環境税制改革の影響(対可処分所得比率，2003年)
(%)

|  | 家計全体 | 単身者 | 1人親世帯・子1人 | 2人親世帯 子なし | 2人親世帯 子1人 | 2人親世帯 子2人 |
|---|---|---|---|---|---|---|
| 第1分位 | 0.13 | −0.02 | 0.20 | 0.16 | 0.27 | 0.28 |
| 第2分位 | 0.10 | −0.16 | 0.21 | 0.13 | 0.25 | 0.31 |
| 第3分位 | 0.05 | −0.22 | 0.10 | 0.01 | 0.25 | 0.27 |
| 第4分位 | 0.05 | −0.17 | 0.11 | −0.04 | 0.15 | 0.23 |
| 第5分位 | −0.01 | −0.27 | 0.04 | −0.08 | 0.15 | 0.17 |
| 第6分位 | 0.02 | −0.22 | 0.00 | −0.04 | 0.10 | 0.18 |
| 第7分位 | 0.00 | −0.15 | 0.16 | −0.06 | 0.05 | 0.12 |
| 第8分位 | 0.01 | −0.11 | 0.14 | −0.03 | 0.03 | 0.10 |
| 第9分位 | 0.00 | −0.05 | 0.10 | −0.03 | 0.03 | 0.05 |
| 第10分位 | 0.00 | 0.02 | 0.15 | −0.03 | 0.03 | 0.03 |
| 全体 | 0.02 | −0.11 | 0.13 | −0.03 | 0.08 | 0.13 |

(注) 1人親・子2人以上，2人親・子3人以上，その他世帯については省略したが，家計全体には含まれている。
(出所) Bach (2009a), S.226.

最後に表7-8は職業別（および所得階層別）にみた家計可処分所得への環境税制改革の影響を示したものである。同表によれば，同じ所得階層にあっても労働者・職員の家計が，他職業に比べて純負担率が低いか，純負担の減少つまり「利益」を得ていることがわかる。これは，労働者・職員層は被用者として公的年金保険料率引下げの恩恵を受けているからである。逆に，年金生活者，退職公務員，自営業，失業者等の家計は，保険料率引下げの恩恵を受けることがないために純負担の増加が相対的に大きくなっている。

以上のことから，ドイツの環境税制改革によって家計全体としては，エネルギー税増税の負担増は公的年金保険料率引下げによる負担減によってほぼ相殺されているが，個々の家計負担をみると低所得層や家族構成員の多い家計，公的年金保険の被用者負担の対象外家計にとっては，依然として負担を被る改革になっているといえよう。

表7-8 職種・所得階層別にみた環境税制改革の影響（対可処分所得比率，2003年）

(%)

| 粗所得<br>（千マルク） | 自営業 | 公務員 | 労働者・職員 ||年金<br>生活者 | 退職<br>公務員 | 失業者等 |
|---|---|---|---|---|---|---|---|
| | | | 子なし | 子あり | | | |
| 30～35 | - | - | 0.07 | 0.26 | 0.69 | - | 0.95 |
| 50～60 | 0.49 | 1.12 | -0.09 | 0.34 | 0.69 | 0.80 | 0.85 |
| 100～110 | 0.08 | 0.76 | -0.24 | -0.02 | 0.52 | 0.68 | 0.55 |
| 200～500 | 0.32 | 0.38 | 0.21 | 0.23 | 0.27 | 0.35 | 0.32 |
| 500～ | 0.15 | 0.12 | 0.12 | 0.09 | 0.12 | - | - |

（出所）Bach, Bork, Lutz, Meyer, Paraterios und Welsch (2001), S.113, Bach (2009a), S.225-226.

## 3 環境税制改革の環境効果と限界

### 1）環境への効果

　ドイツの環境税制改革は，税収中立であり，環境問題と失業問題に同時に対処する「二重の配当」を志向しているとはいえ，そもそもの取組みの発端ないし問題関心がエネルギー関連税増税による省エネルギー社会経済の実現にあることはまちがいない。そこで本節では，エネルギー消費動向を中心にして，この環境税制改革による環境改善効果と限界について検討してみたい。

　まず，輸送燃料消費および交通経済に関連する具体的指標の推移をいくつかみてみよう[9]。というのも第1節で説明したように，エネルギー税増税の中でも輸送燃料税（ガソリン税，ディーゼル税）は，①税収規模および増収額が大きいこと，②99年～03年の5年にわたって連続的に増税されたこと，③軽減税率がないことによって，環境税制改革による増税の影響がより直接的かつ広範に表れる分野といえるからである。

　さて，第1に，道路輸送での燃料消費量は減少している。ドイツ国内における道路輸送での燃料消費量は対前年比でみると，2000年2.8%減，01年1.0%減，

---

[9] 以下の記述は，Schlegelmilch (2005), pp.11-12, による。

02年2.3％減，03年3.5％減と持続的に減少してきた。この最大の要因はガソリン消費量の減少であり，ガソリン販売量は00年4.5％減，01年3.0％減，02年3.3％減，03年4.3％減と大きく減少してきたのである。ただ，ドイツ国内ではガソリンに比べると相対的に安価なディーゼルは，ガソリンからの振替え需要が増えたこともあって，99年4.7％増，00年0.7％減，01年1.4％増，02年1.2％減，03年1.6％減と，やや不安定な動きを示していた。

第2に，道路による貨物輸送量も減少している。道路貨物輸送量（トン）の対前年比は，01年2.9％減，02年4.3％減，03年1.5％減と持続的に減少してきた。他方では，鉄道貨物輸送量は01年1.6％減，02年1.1％減と減少率は小さく，03年には4％増にさえなっている。

第3に，無積載（積荷なし）のトラック輸送が減少しトラック輸送の効率化が進んだ。トラック輸送総距離に占める有積載（積荷あり）の比重は，95年71.4％，98年73.4％，99年74.1％，00年75.3％へと上昇している。

第4に，公共交通を利用する旅客数が増加した。98年までは近距離公共交通の利用者は減少傾向にあったが，その後の旅客数は対前年比で99年0.4％増，00年0.8％増，01年0.8％増，02年0.5％増，03年1.5％増と持続的な増加傾向にある。

第5に，国内のカーシェアリング団体の会員数（サービス利用者数）も対前年比で00年26％増，01年22％増，02年8％増，03年15％増と増加している。

以上のことから，環境税制改革による輸送燃料税の連続的増税の期間において，輸送燃料消費の減少，自動車交通の抑制・効率的利用，公共交通・共同利用への一定のシフト等が起きていたことは確認できよう。

次に図7-1で，ドイツのエネルギー消費・GDP・税収の関係を表す指標の推移をみてみよう。最終エネルギー効率（Final energy efficiency：1995年＝100）とは，GDPと国内最終エネルギー消費規模との関連を表す指標であり，数値が大きいほどエネルギー経済効率が良いことを示している。この数値は98年には100前後であったが，その後持続的に上昇傾向となり00〜02年は110台水準に達している。03〜04年にやや低下するが，06年以降再び上昇して07〜09年

には120前後になっている。このことは，環境税制改革の期間（99年〜03年）においてドイツ経済のエネルギー消費効率が確かに上昇してきたことを示している。

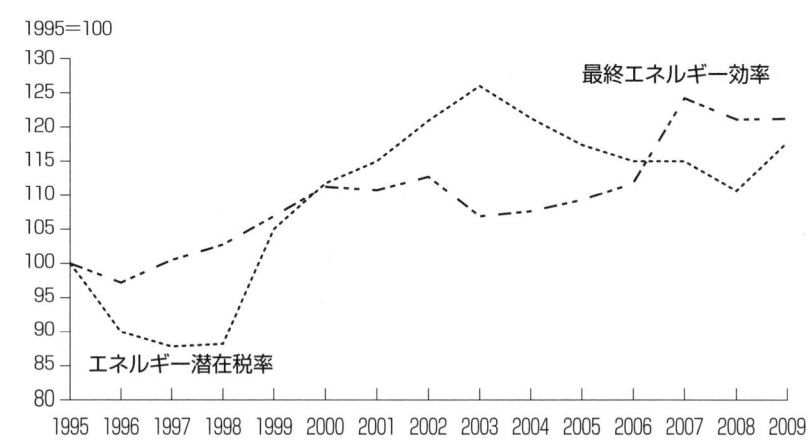

**図7−1　最終エネルギー効率とエネルギー潜在税率の推移**

(注)　最終エネルギー効率とは，GDP（2000年価格）と最終エネルギー消費全体との比率。エネルギー潜在税率とは，エネルギー税収（2000年価格）と最終エネルギー消費との比率。
(出所)　OECD（2012a），p.48.

また，エネルギー潜在税率（Implicit tax rate on energy）とは，最終エネルギー消費規模に対するエネルギー税収の比率であり，エネルギー税収効率を表す指標といえる。この潜在税率は98年には90弱で最低水準にあったが，99年から03年にかけて持続的かつ急速に上昇して03年には125の水準に達している。このことから，エネルギー税の連続的増税は改革期間（99年〜03年）においては税収効率の面でプラスの作用を果たしていたといえよう（04年以降については後述）。

ただし，ここで注意すべきなのは，1998年以降のドイツ国内でのエネルギー価格上昇分に占めるエネルギー税増税分の比重は必ずしも高いわけではないことである。図7−2は98年のエネルギー価格に対する環境税制改革による増税分，98年から03年への価格上昇分，98年から08年までの価格上昇分の比率

（％）を示している。同図によると03年までの価格上昇に関しては，ガソリン税，ディーゼル税の増税は半分程度，天然ガス税，発熱油税に関しては2～3割程度しか寄与していない。電力に関しては，電力自由化により電力価格そのものが低下したため，価格上昇は電力税増税分よりも小さくなっている。さらに98年から08年までの価格上昇に関してみると，ガソリン税，ディーゼル税の増税分の寄与は4分の1から5分の1程度に縮小し，同じく天然ガス税，発熱油税の増税分は1～2割程度に縮小し，電力税は3割程度になっている。つまり，2000年代以降に入っては世界的な原油価格・エネルギー価格の上昇が，ドイツ国内のエネルギー価格上昇を主導してきたのである[10]。

図7-2　家計にとっての環境税負担とエネルギー価格上昇（1998年のエネルギー価格に対する比率）

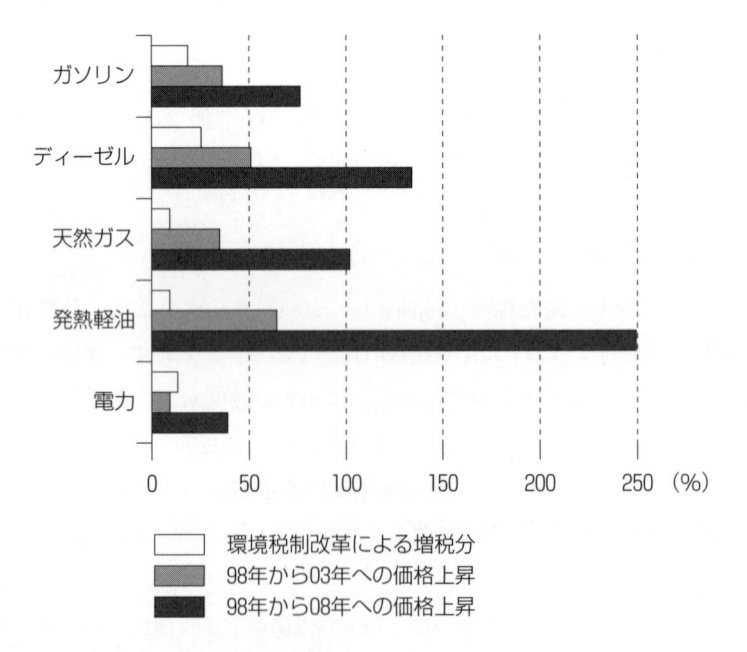

凡例：
- 環境税制改革による増税分
- 98年から03年への価格上昇
- 98年から08年への価格上昇

（注）付加価値税を含んだ価格。
（出所）Bach(2009a), S.221.

---

10) Bach（2009a), S.221.

環境税制改革のねらいはいうまでもなく，エネルギー関連税の増税によるエネルギー価格上昇をシグナルにして，企業・家計に対してエネルギー消費の抑制を誘導するものである。ところが1998年以降のエネルギー価格上昇に関しては，環境税要因だけでなく世界的経済情勢によってもたらされた側面も強いのである。その意味では，98年から03年にかけてのドイツ国内でのエネルギー消費抑制やエネルギー効率性の改善を，すべて環境税制改革の効果とみなすことはできないであろう[11]。

### 2) 環境税制改革の限界

環境税制改革（99年～03年）はドイツ経済社会に「二重の配当」を実現するにあたって一定の効果を発揮してきた。しかし，その一方で環境改善効果が持続的に維持・発展するにあたっては，この環境税制改革のデザインそのものに問題があることも指摘されてきた。例えば，OECD編『ドイツ環境白書　2012年版』では，ドイツ環境税の価格シグナル効果の問題点として次の3点を指摘している[12]。

第1に，環境税率が環境外部性を適切に反映していないことである。税率はエネルギー源，利用者グループによって格差がつけられているが，これは環境税のシグナル効果よりも国際競争力や分配効果をより強く配慮したものになっている。特に$CO_2$排出1トン当たりの税率格差（2006年時点：ガソリン66ユーロ，ディーゼル58ユーロ，天然ガス18ユーロ，発熱軽油8ユーロ，発熱重油22ユーロ，石炭3ユーロ，電力38ユーロ）[13] は，環境政策（地球温暖化防止）の観点からは正当化

---

11) 99年～03年におけるドイツ国内の輸送燃料消費の減少，交通経済の効率化の進展を指摘した上でSchlegelmilchが次のように述べていることは興味深い。「厳密に科学的にみれば，これらの現象のすべてを完全に環境税制改革に帰することはできないし，そのうちのいくつかは確かに高い石油価格によるものである。しかしながら，燃料価格上昇の大半が環境税制改革によるというのが人々の認識であるとするならば（実際は例えば2000年においては，その要因は4分の1にすぎないが），上で述べられた環境への配当について環境税制改革の主唱者によって主張されることは，あながち不当でもないであろう」，と。(Schlegelmilch, 2005, p.12.)
12) OECD (2012a), pp.49-50.
13) Bach (2009a), S.220.

は困難である，と。

　第2に，環境税率が2003年以降不変であり，そのインセンティブ機能を弱めていることである。同時に，石油の世界市場価格上昇と相まって，ドイツの燃料価格における租税シェアも低下（ガソリン：03年74％→10年62％，ディーゼル67％→54％）してしまった。初年の環境税率（エネルギー税増税）だけではエネルギー節約を誘導するのには低すぎるが，改革期間内における計画的税率引上げが経済に対して価格変化に徐々に適応（エネルギー節約）することを可能にする。つまり，持続的な調整（税率引上げ）が経済に対して明確な価格シグナルを送り，エネルギー税が安定的収入源であり続けることを助けるはずであった。しかし現実には，5年間の改革期間以後では，世界市場価格の上昇がそうした調整を困難にしてしまったのである，と。

　ちなみに先の図7－1によれば，ドイツのエネルギー潜在税率（税収効果）は04年以降低下傾向にある。この要因としては，①世界の原油価格そのものの上昇によるエネルギー消費抑制による減収，②04年以降石炭税を除いてエネルギー税増税がなされていないこと，③エネルギー税が従課税ではなく従量税であるため価格上昇が税収に反映しないこと，などがあろう[14]。

　第3に，一連の負担軽減措置が認められたために，環境税の本来持っている価格シグナル機能が歪められたことである。負担軽減措置の対象分野（産業・企業）では，エネルギー節約の潜在的能力があるにもかかわらず，必要なエネルギー節約の調整や投資を先延ばしする傾向があった。つまり，負担軽減措置は企業のエネルギー節約の動きを阻害してしまう，というのである[15]。

---

14) Bach (2009a), S.219, OECD (2012a), p.48.
15) 　負担軽減措置によるエネルギー節約誘因の阻害については，Trugerも次のように述べている。「この一律で大規模な特別措置によって，当該分野においてはエネルギー節約の誘因は相当に低下する。純負担を被る企業に対して最終的には，純負担調整が適用されるならば，環境改善への誘因は完全に壊されてしまう。追加的エネルギー消費での租税負担がすべて償還されるならば，そもそも当該企業にとってエネルギー節約方策は税制上もはや価値のないものになっている」。(Truger, 2001b, S.146.)

第7章　環境税制改革

　ところで留意すべきは，先述のように，負担軽減措置が電力税，天然ガス税，発熱油税について，エネルギー多消費型産業として農林水産業・生産的産業に一律に認められたが，現実にはこれらエネルギー税増税（環境税）の実質的負担率，特に限界税率は，産業ごとに相当に異なっていたという事実である。エネルギー税増税の産業ごとの平均税率・限界税率（2003年）を表す表7－9によれば，例えば電力税については標準税率（Mw時当たり）20.5ユーロ，軽減税率12.5ユーロに対して，農林水産業・生産的産業全体の平均税率は4.9ユーロ，限界税率2.3ユーロで確かに相当に低くなっている。しかしその中身を特に限界税率でみると，鉱業，化学，金属生産・加工，自動車はわずか0.6ユーロであり極端に低い。一方，農林水産業，建設業は16～17ユーロであり，負担軽減対象産業全体に比べると相当に高くなっている。天然ガス税や発熱油税の限界税率についてもほぼ同様の状況を確認できる。鉱業，化学，金属生産・加工，自動車などは大企業でエネルギー多消費産業の代表であるが，これら産業におけるエネルギー税増税の実質的負担率は極めて低く，エネルギー節約の誘因機

表7－9　産業別にみたエネルギー税増税の実質負担率（2003年）（ユーロ）

| | 電力税（Mw時）<br>標準税率20.5<br>軽減税率12.5 | | 天然ガス税（Mw時）<br>標準税率3.66<br>軽減税率2.196 | | 発熱油税（千ℓ）<br>標準税率20.45<br>軽減税率12.27 | |
|---|---|---|---|---|---|---|
| | 平均税率 | 限界税率 | 平均税率 | 限界税率 | 平均税率 | 限界税率 |
| 農林水産業 | 18.02 | 17.29 | 3.32 | 2.07 | 12.00 | 11.03 |
| 鉱業 | 2.31 | 0.65 | 2.07 | 1.17 | 11.23 | 4.24 |
| 製造業 | 4.60 | 1.88 | 1.72 | 0.77 | 11.54 | 5.89 |
| 　食品 | 4.91 | 1.44 | 2.01 | 0.45 | 11.24 | 2.50 |
| 　化学 | 2.03 | 0.63 | 1.45 | 0.16 | 8.08 | 0.90 |
| 　金属生産・加工 | 1.54 | 0.62 | 1.04 | 0.18 | 5.83 | 1.02 |
| 　自動車 | 8.12 | 0.65 | 2.22 | 2.21 | 12.41 | 12.32 |
| エネルギー・水道 | 4.77 | 0.86 | 0.64 | 0.35 | 11.74 | 11.34 |
| 建設業 | 16.82 | 16.58 | 3.48 | 3.40 | 19.44 | 19.00 |
| 農業・生産的産業 | 4.94 | 2.31 | 1.71 | 0.79 | 12.08 | 7.85 |

（出所）　Bach（2009a），S.224.

能としては問題があったといえる。これに対して，農林水産業や建設業においては家族経営や小企業が多く，軽減税率の対象となる納税額に達しないなど負担軽減措置の恩恵もあまり受けないために，限界税率は極めて高いものになっていたのである[16]。

## 4 環境税制改革と租税構造

　ドイツの環境税制改革はエネルギー関連税を増税しつつ，それを財源に公的年金保険料の負担軽減を図るものであったが，この改革はドイツ全体の租税・社会保険料負担構造にはどのような影響を与えたのであろうか。

　まずエネルギー関連税収の推移をみておこう。表7-10は1998年以降の連邦税たる鉱油税（2006年以降はエネルギー税）と電力税の税収額と，両税合計額の租税収入総額（連邦・州・市町村の税収）に占める比率を示している。なお鉱油

表7-10 連邦鉱油税・電力税の税収推移　（10億ユーロ）

| 年度 | 鉱油税 | 電力税 | 小計 | 租税収入総額 | 2税の占める比率(%) |
|---|---|---|---|---|---|
| 1998 | 34.0 | — | 34.0 | 425.9 | 7.9 |
| 1999 | 36.4 | 1.8 | 38.2 | 453.0 | 8.4 |
| 2000 | 37.8 | 3.4 | 41.2 | 467.2 | 8.8 |
| 2001 | 40.7 | 4.3 | 45.0 | 446.2 | 10.1 |
| 2002 | 42.1 | 5.1 | 47.2 | 441.7 | 10.7 |
| 2003 | 43.2 | 6.5 | 49.7 | 442.2 | 11.2 |
| 2004 | 41.8 | 6.6 | 48.4 | 442.8 | 10.9 |
| 2005 | 40.1 | 6.4 | 46.5 | 452.0 | 10.3 |
| 2006 | 39.9 | 6.2 | 46.1 | 488.4 | 9.4 |
| 2007 | 38.9 | 6.3 | 45.2 | 538.2 | 8.4 |
| 2008 | 39.2 | 6.2 | 45.4 | 561.1 | 8.1 |

（注）　鉱油税は，06年以降はエネルギー税。
（出所）　BMF (2013), S.288-291.

---

16) Bach (2009a), S.223-225.

税（エネルギー税）には，ガソリン税，ディーゼル税，天然ガス税，発熱油税，石炭税が含まれる。エネルギー関連税の毎年の増税と電力税の新規導入によって両税の税収合計額は98年の340億ユーロから03年の497億ユーロへと持続的に増加しており，また税収総額に占める比率も98年の7.9％から03年には11.2％へと上昇していることがわかる。ただし04年以降は段階的増税がなされていないこともあり，また先述のようなエネルギー消費量の減少もあって，エネルギー関連税収規模は450～460億ユーロに停滞し，また税収比率も8.1％（08年）に低下している。なお，エネルギー関連税収の内訳を04年でみると，ガソリン税217億ユーロ，ディーゼル税157億ユーロ，電力税66億ユーロ，天然ガス税31億ユーロ，発熱油税17億ユーロとなっている[17]。

次に表7－11は社会保険料率（支払給与に対する事業主・被用者負担率）の推移を示したものである。ドイツにおいても高齢化社会の進行，社会保障ニーズの拡大に伴って社会保険料率は1980年32.4％，90年35.6％，98年42.1％（最高値）へと上昇していた。そして環境税制改革の期間をみると，年金保険料率は98年の20.3％から99年の19.5％へと0.8％ポイント低下，以降00年19.3％，01，02年19.1％となり，最大で1.2％ポイント低下したが，最終年の03年には19.5％へとわずかに上昇し，結局98年と比較して0.8％ポイントの低下となっている。先に表7－2で確認したように，環境税制改革による税収充当によって年金保険料率は5年間で1.7％ポイント分低下させてはいるが，高齢化進行による給付拡大，失業者の増大などの年金保険財政の事情ゆえに年金保険料率を想定どおりに引き下げることができなかったのである[18]。この期間には医療保険料率も13.6％から14.3％へと0.7％ポイント上昇したこともあって，結局，合計の社会保険料率も98年42.1％から03年42.0％へと0.1％ポイントしか低下できていない。

とはいえ社会保険料率そのものは98年の42.1％をピークに08年まで40.0％前後に抑制されている。これについては，エネルギー税増税分によって年金保

---

17) Meyer (2006), S. 182.
18) Meyer (2006), S. 189.

険料率の引上げを少しでも抑制できていること，07年の付加価値税増税（税率16%→19%）に伴い失業保険料率の引下げがなされたことが収入面での大きな要因になっている。

表7-11　社会保険料率の推移　　　　　　（%）

| 年　度 | 年金保険 | 医療保険 | 失業保険 | 介護保険 | 合　計 |
| --- | --- | --- | --- | --- | --- |
| 1970 | 17.0 | 8.2 | 1.3 | - | 26.5 |
| 1980 | 18.0 | 11.4 | 3.0 | - | 32.4 |
| 1990 | 18.7 | 12.6 | 4.3 | - | 35.6 |
| 1995 | 18.6 | 13.2 | 6.5 | 1.0 | 39.3 |
| 1998 | 20.3 | 13.6 | 6.5 | 1.7 | 42.1 |
| 1999 | 19.5 | 13.6 | 6.5 | 1.7 | 41.3 |
| 2000 | 19.3 | 13.6 | 6.5 | 1.7 | 41.1 |
| 2001 | 19.1 | 13.6 | 6.5 | 1.7 | 40.9 |
| 2002 | 19.1 | 14.0 | 6.5 | 1.7 | 41.3 |
| 2003 | 19.5 | 14.3 | 6.5 | 1.7 | 42.0 |
| 2004 | 19.5 | 14.2 | 6.5 | 1.7 | 41.9 |
| 2005 | 19.5 | 13.7 | 6.5 | 1.7 | 41.4 |
| 2006 | 19.5 | 13.3 | 6.5 | 1.7 | 41.0 |
| 2007 | 19.9 | 14.0 | 4.2 | 1.7 | 39.7 |
| 2008 | 19.9 | 14.9 | 3.3 | 1.95 | 40.05 |

（出所）　Bäcker et al. (2010), S.125.

さらに表7-12はドイツの租税・社会保険料収入の課税要素別の構成比推移をみたものである。ここでの環境課税とは，鉱油税，電力税，自動車税の合計である。この表からは次の3点が指摘できる。第1に，環境課税のシェアは98年5.1%から03年6.5%へと1.4%ポイント上昇しており，この期間での環境税制改革の効果を確認できる。しかし，それ以降の環境課税のシェアは停滞ないし低下傾向にあり，10年は5.5%に後退している。

第2に，労働要素（労働コスト）として社会保険料と労働課税（個人所得税）の合計シェアをみると，98年65.4%（47.7%+17.7%）から03年65.9%（49.4%+16.5%）へとやや上昇している。特に社会保険料は1.7%ポイントも上昇している。環境税制改革によって年金保険料の一部軽減はできたものの，社会保険料全体のシェア上昇は抑制できず，結果的に改革期間中には負担構造の労働要

素依存傾向からは脱却できていなかった。

第3に，しかし，改革期間を終えた03年以降になると，労働要素シェアはいくぶん減少傾向になり，08年，10年には62％水準へとやや低下している。ただしこれは，環境課税要素シェアの上昇によるものではなく，中立課税（付加価値税，たばこ税，アルコール税など）や資本課税のシェア上昇に伴うものである。

表7-12　課税要素別の租税・社会保険料負担の構成比　　（％）

| 年度 | 社会保険料 | 労働課税 | 資本課税 | 中立課税 | 環境課税 |
|---|---|---|---|---|---|
| 1980 | 44.0 | 21.1 | 12.6 | 18.0 | 4.3 |
| 1990 | 45.8 | 20.0 | 11.8 | 18.3 | 4.2 |
| 1998 | 47.7 | 17.7 | 11.3 | 18.1 | 5.1 |
| 2003 | 49.4 | 16.5 | 9.3 | 18.2 | 6.5 |
| 2005 | 48.8 | 15.2 | 11.4 | 18.4 | 6.3 |
| 2008 | 44.5 | 17.3 | 13.2 | 19.6 | 5.4 |
| 2010 | 46.5 | 16.0 | 11.6 | 20.4 | 5.5 |

（注）　課税要素の内訳は次のとおり。労働課税（給与所得税，査定所得税・8割），資本課税（法人税，営業税，財産税，不動産税，査定所得税・2割），中立課税（付加価値税，関税，たばこ税，アルコール税），環境課税（鉱油税，電力税，自動車税）。

（出所）　05年，08年は，Meyer und Ludewig（2009），他はMeyer, Küchler und Ludewig（2011）より作成。

以上のことをふまえると，環境税制改革が租税構造にもたらした影響の中間総括としてはMeyer und Ludewig（2009）による次のような指摘が妥当なものといえよう。「中間決算として確認できるのは，1991年から2003年までの環境税制改革は租税・社会保険料による労働要素への負担上昇傾向にブレーキをかけただけであり，その傾向を反転させることはできなかった，ということである。けれどもその原因は，環境税の進展にのみあるわけではない[19]」，と。

---

19）　Meyer und Ludewig（2009），S.6.

## 5　環境税制改革の展望

　ドイツの環境税制改革（1999年～2003年）はエネルギー消費節約やエネルギー関連税収増加による年金保険料負担軽減などにおいて一定の成果をあげてきたが，2003年以降は石炭税を除けばエネルギー関連税の増税は事実上中断しており，環境税制改革のインパクトもある意味では中途半端な状況にあることは否めない。そうした中で，環境税制改革のさらなる推進を求める議論や主張も少なくない[20]。例えば，前述のOECD編『ドイツ環境白書』においても，経済中立性を重視した租税体系論の立場から環境関連税のさらなる拡大を求めて，次のように主張する。「ドイツは環境関連税活用のさらなる拡大を考えるべきである。この税は，エネルギー相対価格の変化に経済が適応できるように，明確に区分された段階で導入されるべきである。所得分配効果（例えば，低所得世帯向け）は，ターゲットをしぼった社会支援手段で達成されるべきである。環境税制改革でのこの国の経験は，ある程度は不完全なものであったが，環境関連税は，もしその収入が経済に歪みを与えている労働・資本課税を縮小するために利用されるならば，租税体系をより経済成長促進的なものにすることを示している。ドイツの租税体系は，とりわけ社会保険料負担が依然として高いがゆえに，労働に偏った課税になっている。加えて，環境関連税の増収は政府財政再建努力にも貢献しうるものとなる[21]。」

　ドイツの環境税規模の拡大が今後いかなる方向，テンポで進展するかは，国内世論，政治経済情勢によるところが大きいのはいうまでもない。そこで本章の最後に，ドイツ環境税制改革の展望を考えるにあたっての若干の留意点を指摘しておきたい。

　第1は，ドイツの環境税関連の負担水準は，現状では先進諸国の中で中位に

---

20)　Meyer（2006）では，環境税制促進連盟（FÖS：Förderverein Ökologische Steuerreform）の環境関連税拡大の具体的提言を紹介している。
21)　OECD（2012a），pp. 45-46.

あることである。表7-13によれば，環境関連税収のGDP比（2004年）をみると，北欧諸国，オランダの3〜5％という高位水準に比べると，2.5％のドイツはイギリス，フランス，イタリア同様に2〜3％の中位水準にある。ドイツの環境関連税水準はOECD平均1.8％よりも高いが，高位水準国に比べるとまだ低く，その意味では環境関連税の増税の余地は十分にあるといえよう。

表7-13　環境関連税収のGDP比(2004年)　　　(%)

|  | 環境関連税 | うちエネルギー物品 | うち自動車その他輸送手段 |
| --- | --- | --- | --- |
| デンマーク | 4.8 | 2.5 | 1.9 |
| オランダ | 3.6 | 1.9 | 1.3 |
| フィンランド | 3.3 | 1.9 | 1.2 |
| イタリア | 3.0 | 2.2 | 0.4 |
| イギリス | 2.6 | 2.0 | 0.5 |
| ドイツ | 2.5 | 2.2 | 0.4 |
| フランス | 2.1 | 1.6 | 0.2 |
| 日本 | 1.7 | 1.1 | 0.6 |
| カナダ | 1.2 | 1.0 | 0.2 |
| アメリカ | 0.9 | 0.6 | 0.3 |
| OECD平均 | 1.8 | 1.3 | 0.4 |

(注)　環境関連税の課税対象は，「エネルギー物品」，「自動車等」のほか，「廃棄物管理」，「オゾン層破壊物質」等がある。
(出所)　中村編（2012），321ページ。

　第2は，環境関連税を増税するにしても，さしあたりまず現行のエネルギー関連税での負担軽減措置を見直すことが必要であろう。すでに本章で述べてきたように，負担軽減措置によって結果的には特定の業種・企業でのエネルギー節約誘因を掘り崩すだけではない。エネルギー関連税の負担軽減措置は当該企業にとっては実質的には「補助金」としての機能も果たしてしまう。この「租税補助金」の額は，ドイツ連邦財務省推計によれば表7-14のように2000年26億ユーロ，03年40億ユーロ，08年41億ユーロの規模に達している。環境税制改革によるエネルギー税増収は約180億ユーロ（表7-2）であるから，負担軽減措置を廃止すれば2〜3割の増収が期待できることになる。
　第3は，環境税制改革に伴う低所得者対策である。第2節でも指摘したよう

表7-14 エネルギー関連税による「租税補助金」額　（100万ユーロ）

| 課税ベース | 産業部門 | 2000年 | 2003年 | 2008年 |
|---|---|---|---|---|
| 鉱　油 | 生産的産業・農林水産業<br>エネルギー集約企業<br>小　計 | 206<br>15<br>221 | 266<br>240<br>506 | 440<br>170<br>610 |
| 電　力 | 生産的産業・農林水産業<br>エネルギー集約企業<br>小　計 | 2,250<br>175<br>2,425 | 1,850<br>1,700<br>3,550 | 1,850<br>1,700<br>3,550 |
| 合　計 | | 2,646 | 4,056 | 4,160 |

（注）　ドイツ連邦財務省推計による。
（出所）　FiFo, Copenhagen Economics, ZEW（2009），S. 271.

に，エネルギー税増税に伴う税収中立措置として，公的年金保険料軽減だけでは，家計種類によっては純負担増加となり，特に低所得層において純負担増加率が相対的に高いなど，家計負担の公平からみても問題が残っている。これに関しては付加価値税の逆進性問題と同様に，環境税負担についても，①低所得層への社会保障給付内容改善を含めて総合的に勘案する，②エコ・ボーナスのようにエネルギー税増税分を家計に一律給付する[22]，などの方策もありうるであろう。

---

22)　DIW（1995），S. 72-74, Bach（2009a），S. 226.

## あ と が き

　本書は，序論（書き下ろし）を除けば，私が2009年から2014年に発表した論文をもとに構成されており，その対応関係は下記のようになっている。また，各章とも本書を編集するにあたって一定の加筆と修正がなされている。

第1章：「ドイツ所得税と税制改革2000」
　　　　中央大学『経済学論纂』第52巻第5・6号，2012年3月
第2章：「ドイツにおけるフラットタックス構想」
　　　　中央大学『経済学論纂』第51巻第5・6号，2011年3月
第3章：「現代ドイツの売上税（付加価値税）の改革をめぐって」
　　　　中央大学『経済学論纂』第53巻第2号，2013年1月
第4章：「ドイツの2008年企業税制改革」
　　　　中央大学『経済学論纂』第49巻第1・2号，2009年1月
第5章：「2000年代ドイツにおける営業税改革論」
　　　　片桐・御船・横山編『グローバル化財政の新展開（中央大学経済研究所研究叢書　48)』第11章，中央大学出版部，2010年
第6章：「ドイツにおける富裕税（純資産課税）」
　　　　中央大学『経済学論纂』第54巻第1・2号，2013年12月
第7章：「ドイツの環境税制改革」
　　　　中央大学『経済学論纂』第54巻第3・4号，2014年3月

　さて，本書は経済グローバル化の中での2000年代ドイツにおける税制改革および税制改革議論の内容と特徴を，とりわけ所得分配への影響に注目して検討してきた。ただ，本書ではあくまで税制改革そのものの検討が中心であり，ドイツの税制改革を進めた政治構造や政治的議論の詳細，現代ドイツの福祉国家（社会国家）の財源のあり方と関わらせての税制改革（社会保険料を含む）の持つ意味等については十分には踏み込むことはできなかった。これらについては私の今後の検討課題としたい。

　最後に，本書の出版にあたっては（株）税務経理協会の峯村英治氏，板倉誠氏にお世話になった。記して感謝したい。

2014年6月

　　　　　　　　　　　　　　　　　　　　　　　　　　　　　関野満夫

〔参考文献〕

Abteilungsleiter (2004), Grundlegende Reform des Steuerrechts – Bewertung der verschiedenen Steuerreformkonzeptionen, Bericht der Abteilungsleiter (Steuer) der obersten Finanzbehörden des Bundes und der Länder, 16.Feb.2004, Berlin [未見, Truger (2005) を参照]

Arbeitsgruppe Alternative Wirtschaftspolitik (2007), *Memorandum 2007*, Papy Rossa

Arbeitsgruppe Alternative Wirtschaftspolitik (2010), *Memorandum 2010*, Papy Rossa

Arbeitsgruppe Alternative Wirtschaftspolitik (2012), *Memorandum 2012*, Papy Rossa

Bach, Stefan (2001), Die Unternehmensteuerreform, in Truger, Achim Hg. (2001a)

Bach, Stefan (2005), Grundlegende Reform der Einkommensbesteuerung : Inwieweit kann die Bemessungsgrundlage verbreitert und das Steuerrecht vereinfachtwarden?, *DIW – Wochenbericht* Nr.36／2005, DIW Berlin

Bach, Stefan (2006), Wie gericht ist ein Ausbau der indirekten Besteuerung?, in Truger, Achim Hg. (2006)

Bach, Stefan (2007), Belastungswirkungen der ökologischen Steuerreform in den Produktionsbereichen, Zeitschrift für Umweltpolitik & Umweltrecht 1／2007

Bach, Stefan (2009a), Zehn Jahre ökologische Steuerreform : Finanzpolitisch erfolgreich, Klimapolitsch halbherzig, *DIW – Wochenbericht*, Nr.14／2009

Bach, Stefan (2009b), Vermögensbesteuerung in Deutschland : Eine Ausweitung trifft nicht nur Reiche, *DIW-Wochenbericht* Nr.30／2009

Bach, Stefan (2011a), Volle Mehrwertsteuer auf Nahrungsmittel belastet vor allem Geringverdiener, *DIW – Wochenbericht* Nr.16／2011

Bach, Stefan (2011b), Der Mehrwertsteuer – Bonus : Eine Altenative zu ermäßigten Mehrwertsteuersätzen, *DIW – Wochenbericht* Nr.24／2011

Bach, Stefan (2011c), Lastenausgleich aus heutiger Sicht:Renaissance der allgemeinen Vermögensbesteuerung? *Vierteljahrshefte zur Wirtschaftsforschung*, 04／2011

Bach, Stefan (2012), Vermögensabgaben : ein Beitrag zur Sanierung der Staatsfinanzen in Europa, *DIW – Wochenbericht* Nr.28／2012

Bach, Stefan und Martin Beznoska (2012a), Vermögenssteuer : Erhebliches Aufkommens – potential troz erwartbarer Ausweichreaktionen, *DIW – Wochenbericht* Nr.42／2012,

Bach, Stefan und Martin Beznoska (2012b), Aufkommens- und Verteilungswirkungen einer Wiederbelebung der Vermögensteuer, *Politikberatung kompakt* 68, DIW Berlin

Bach, Stefan, Martin Beznoska und Viktor Steiner (2010), Aufkommens- und Verteilungswirkungen einer Grünen Vermögensabgabe, *Politikberatung kompakt* 59, DIW Berlin

Bach, Stefan, Martin Beznoska and Viktor Steiner (2011), A Wealth Tax on the Rich to bring down Public Debt? Revenue and Distributional Effects of a Capital Levy, *Discussion Papers* 1137, DIW Berlin

Bach, Stefan, Christhart Bork, Christian Lutz, Bernd Meyer, Barbara Praetorius und Heinz Welsch (2001), *Die ökologische Steuerreform in Deutschland*, Berlin

Bach, Stefan, Herman Buslei, Nadja Dwenger und Frank Fossen (2007), Aufkommens- und Verteilungseffekte der Unternehmensteuerreform 2008, *Vierteljahrshefte zur Wirtschaftsforschung*, DIW Berlin, 2/2007

Bach, Stefan, Herman Buslei und Nadja Dwenger (2007): Unternehmensteurreform 2008, *DIW-Wochenbericht*, Nr. 18/2007

Bach, Stefan, Giacomo Corneo and Viktor Steiner (2005), Top Incomes and Top Taxes in Germany, DIW Berlin Discussion Papers 532

Bach, Stefan, Giacomo Corneo and Viktor Steiner (2007), From Bottom to Top: The Entire Distribution of Market Income in Germany, 1992-2001, DIW Berlin Discussion Papers 683

Bach, Stefan, Giacomo Corneo and Viktor Steiner (2008), Effective Taxation of Top Incomes in Germany, 1992-2002, DIW Berlin Discussion Papers 767

Bach, Stefan und Nadja Dwenger (2007), Unternehmensbesteuerung: Troz hoher Steuersätze mäßiges Aufkommen, *DIW-Wochenbericht*, Nr. 5/2007

Bach, Stefan, Peter Haan, Hans-Johachim Rudolch und Viktor Steiner (2004), Reformkon-zepte zur Einkommens- und Ertragsbesteuerung: Erhebliche Aufkommens und Verteilungswirkungen, aber relative geringe Effekte auf das Arbeitsangebot, *DIW-Wochenbericht*, Nr 16/2004

Bach, Stefan, Michael Kohlhaas, Bodo Linscheid, Bernhard Seidel und Achim Truger (1999), *Ökologische Steuerreform*, Erich Schmidt Verlag

Bach, Stefan und Victor Steiner (2007), Zunehmende Ungleichheit der Markteinkommen: Reale Zuwächse nur für Reiche, *DIW-Wochenbericht*, Nr. 13/2007

# 参考文献

Bäcker, Gerhard, Gerhard Naegele, Reinhard Bispinick, Klaus Hofemann und Jennifer Neubauer (2010), *Sozialpolitik und soziale Lage in Deutschland, Band 1*, VS Verlag

Balz, Matthias (2010), Für eine moderate Anhebung des ermäßigten Mehrwertsteuer －satzes, *Wirtschaftsdienst* 7／2010

Bayerisch Staatsminister der Finanzen und Minister der Finanzen des Landes Rheinland － Pfalz (2004), *Roform der Grundsteuer (Bericht an die Finanzminsterkonferenz)*

BDI：Bundesverband der Deutschen Industrie e.v. (2006)：*Die Steuerbelastung der Unternehmen in Deutschland*, Köln

Becker, Irene (2009), Einkommens－und Vermögensvsrteilung, in Eicker－Wolf, Kai et al.Hg. (2009)

Becker, Irene und Richard Hauser (2003), *Anatomie der Einkommensverteilung*, edition sigma

Bertelsmann Stiftung (2003), *Reform der Gemeindefinanzen-ein Vorschlag der Bertelsmann Stiftung*

Bertelsmann Stiftung (2007), *Von der Gewerbesteuer zur kommunalen Wirtschaftssteuer：Ein Reformkonzept der Bertelsmann Stifung*

Bleeker－Dohmen, Roelf, und Hermann Strasser (2009), Freiheit, Gleichheit, Machbarkeit－Die öffentliche Debatte um die Vermögensbesteuerung, in Druyen, Lauterbach und Grundmann Hg. (2009)

BMF：Bundesministerium der Finazen (2003), Steuerreform 2000 im Überblick (HP)

BMF (2004), 1.Januar 2005：Die letzte Stufe der Steuerreform 2000 wird wirksam, *Monatsbericht des BMF*, 12.2004

BMF (2007a), Die Unternehmesteuerreform 2008 in Deutschland, *Monatsbericht des BMF*, März 2007

BMF (2007b), Unternehmenssteuerreofrm 2008 － Häufiger Fragen und Antworten (Teil 1) (HP)

BMF (2007c), Unternehmenssteuerreform 2008 － Häufiger Fragen und Antworten (Teil 2) (HP)

BMF (2007d), Finanzielle Auswirkungen des Entwurfs eines Unternehmens－steuerreformgesetzes 2008 (HP)

BMF (2007e), *Finanzbericht 2008*, Berlin

BMF (2007f), Bundespolitik und Kommunalfinanzen, *Monatsbericht des BMF*, September 2007

BMF (2007g), Datensammlung zur Steuerpolitik Ausgabe 2007 (HP)

BMF (2007h), Die wichtigsten Steuern im internationalen Vergleich 2007 (HP)

BMF (2008), *Finanzbericht* 2009

BMF (2010), *Datensammlung zur Steuerpolitik, Ausgabe 2010* (HP)

BMF (2012), *Finanzbericht 2013*

BMF (2013), *Finanzbericht 2014*

Bönke, Timm und Giacomo Corneo (2006), Was hätte man sonst machen können? Alternativszenarien zur rot – grünen Einkommensteuerreform, Diskussions – Beiträge des Fachbereichs Wirtschaftswissenschaft der Freien Universität Berlin, Volkswirtschaftliche Reihe 2006/3

Bontrup, Heinz – J (2011), Mit noch mehr indirekten Steuern zurück zum wohlfahrtsorientierten Staat? Nur Luxusteuern wären ein richtiger Weg, *Vierteljahrshefte zur Wirtschaftsforschung*, 04/2011

Bork, Christhart (2006), Distributional effects of the ecological tax reform in Germany : an Evaluation with a micro simuration model, in Serret, Yse and Nick Johnstone ed., *The Distributinal Effects of Environmental Policy*, OECD

Boss, Alfred und Thomas Elendner (2004), Vorschläge zur Steuerreform in Deutschland : Was bedeuten sie? Was "kosten"sie?, Kieler Arbeitspapier Nr. 1205, Institut für Weltwirtschaft

Brügelmann, Ralch (2010), Die Mehrwertsteuer : Große Reform oder Subventions – abbau?, *Wirtschaftsdienst* 9/2010

Bündnis 90/ Die Grünen, Bundestagsfraktion (2012), Die Grüne Vermögensabgabe, www. gruene – bundestag. de

Copenhagen Economics (2007), Study on reduced VAT applied to goods and service in the Member States of the Europian Union

Corneo, Giacomo (2003), Verteilungsarithmetik der rot – grünen Einkommensteuerreform, Diskussionpapier Nr. 2003/14, Fachbereich Wirtschaftswissenschaften Universität Osnabrück

Corneo, Giacomo (2005a), Verteilungsarismetik der rot-grünen Einkommensteuerreform, Schmollers Jahrsbuch, 125 (2005) 2

Corneo, Giacomo (2005b), The Rise and Likely Falls of the German Income Tax, 1958 – 2005, CESinfo Economic Studies, Vol. 51, 1/2005

## 参考文献

Deubel, Ingolf (2006), Reform des Gemeindesteuersystems-Zurück zur kommunalen Selbstverwaltung, *Wirtschaftsdienst*, 1/2006

Deutscher Städtetag (2006), *der städtetag*, 5/2006

Deutscher Städtetag (2007), *der städtetag*, 5/2007

DIW (1995), *Wirtschaftliche Auswirkungen einer ökologischen Steuerreform, Deutsches Institut für Wirtschaftsforschung, Sonderheft 153*, Berlin

Druyen, Thomas, Wolfgang Lauterbach und Matthias Grundmann Hg. (2009), *Reichtum und Vermögen : Zur gesellschaftlichen Bedeutung der Reichtums−und Vermögensforschung*, VS Verlag

Eggert, Wolfgang, Tim Krieger, Sven Stöwhase (2010), Sollte der ermäßigte Mehrwertsteuersatz abgeschafft warden?, *Wirtschaftsdienst* 11/2010

Eicker−Wolf, Kai, Stefan Körzell, Torsten Niechoj und Achim Truger Hg. (2009), *In gemeinsamer Verantwortung : Die Sozial − und Wirtschaftspolitik der Großes Koalitio 2005−2009*, metropolis

Ernst&Young / BDI (2007) : Die Unternhmensteuerreform 2008, Stolfuß

Ernst&Young / BDI (2006) : Steuerstandort Deutschland 2006/2007, Stolfuß

FiFo, Copenhagen Economics und ZEW (2009), *Evaluierung von Steuervergünstingunge Bd. 2*, Forschungsauftrag Projektnummer 15/07 des Bundesministeriums der Finanzen

Fossen, F and Bach, S (2008), Reforming the German Local Business Tax : Lessonn from an International Comparison and a Microsimulation Analysis, *Finanz Archiv*, Vol 64 No 2.

Frick, Joachim R., Markus M. Grabka (2009), Geistiegene Vermögensungleichheit in Deutschland, *DIW−Wochenbericht* Nr. 4/2009, DIW Berlin

Frick, Joachim R., Markus M. Grabka und Richard Hauser (2010), *Die Verteilung der Vermögen in Deutschland*, edition sigma

Fuest, Clemens (2006), Das Reformkonzept der Stiftung Marktwirtschaft, in Truger, Achim Hg. (2006)

Fuest, Clemens , Andreas Peichl und Thilo Schaefer (2006a), Führt Steuervereinfachung zu einer "gerechteren"Einkommensverteilung? Eine empirische Analyse für Deutschland, Finanzwissenschaftliche Diskussionsbeiträge Nr. 06−1, Universi−tät Köln

Fuest, Clemens , Andreas Peichl und Thilo Schaefer (2006b), Die Flat Tax :
 Wer gewinnt? Wer ferliert? Eine empirische Analyse für Deutschland,
 Finanzwissenschaftliche Diskussionsbeiträge Nr. 06 – 6, Universität Köln
Fuest, Clemens , Andreas Peichl und Thilo Schaefer (2007), Is a Flat Tax
 politically feasible in a grown – up Welfare State? Fifo – CPE Discussion Papers
 No. 07 – 6, (Finanzwissenschaftliche Diskussionsbeiträge Nr. 07 – 6), Universität
 Köln
Grub, Martin (2000), Verteilungswirkungen der ökologische Steuerreform
 auf private Hauhalte : Eine empirische Analyse, *Vierteljahrshefte zur
 Wirtschaftsforschung 69.Jg, Heft 1/2000*
Gutachten des Wissenschaftlichen Beirats beim Bundesministerium der Finanzen
 (2004), Flat Tax oder Duale Einkommensteuer? Zwei Entwürfe zur Reform
 der deutschen Einkommensbesteuerung
Haan, Peter and Viktor Steiner (2004), Distributional and Fiscal Effects of the
 German Tax Reform 2000, A Behavioral Microsimulation Analysis, DIW Berlin
 Discussion Papers 419
Haarmann, Ulrich (2007), *Wohlfahrsstaaten im Steuerwettbewerb : Steuerreformen
 im Internationalen Vergleich*, VDM Verlag Dr.Müller
Haufler, Andreas (2007), Sollen multinationale Unternehmen weniger Steuern
 bezahlen?, *Vierteljahrshefte zur Wirtschaftsforschung*, DIW Berlin, 2/2007
Hauser, Richard (2009), Die Entwicklung der Einkommens – und Vermögensverteilung
 in den letzten Dekaden, in Druyen, Lauterbach und Grundmann Hg. (2009)
Hauser, Richrd (2011), Zwei deutche Lastenausgleiche – Eine kritische Würdigung,
 *Viertel – jahrshefte zur Wirtschaftsforschung*, 04/2011
Hess, Barbara (2003), Besteuerung der Reichen : Forschungsergebnisse und ihre
 Imprikationen für die deutsche Einkommensteuer, Fachbereich Wirtschafts –
 wissenschaften Universität Osnabrück Diskussionpapier Nr. 2003/16
Hickel, Rudolf (2006) : Die Mega-Unternehmenssteuerreform – und ihre Folgen, in
 Truger, Achim Hg. (2006)
Hickel, Rudolf (2010), Reformbedarf Mehrwertsteuer : Soziale Gestaltung und
 Bekämpfung von Steuerbetrug, *Wirtschatsdienst* 9/2010
Homburg, Stefan (2000), German Tax Reform 2000 : Description and Appraisal,
 *Finanz – Archiv*, Vol. 57, No. 3

参 考 文 献

Homburg, Stefan (2007), Germany's Company Tax Reform Act of 2008, *Finanz Archiv*, Vol. 63.No. 4

Jarass, Lorenz (2006) : Unternehmenssteuern sichern : von der Gewinnbesteuerung zur Kapitalentgeltbesteuerung, in Truger, Achim Hg. (2006)

Jarass, Lorenz und Obermair, Gustav M. (2004a), Ausweis und Versteuerung von Unternehmensgewinnen, in : Schratzenstaller, M., Truger, A.Hg. *Perspekiven der Unternehmensbesteuerung*, Marburg

Jarass, Lorenz und Obermair, Gustav M. (2004b), *Geheimnisse der Unternehmensteuern : Steigende Dividenden, sinkendes Steueraufkommen*, metoroplis

Junkernheinrich, Martin (2003), Reform des Gemeindefinanzsystems : Mission Impossible?, *Vierteljahrshefte zur Wirtschaftsforschung*, Bd. 72, Nr 3

Keen, Michael, Yitae Kim and Ricardo Varsano (2006), The"Flat tax (es) " : Principles and Evidence, IMF Working Paper WP／06／218

Kirchhof, Paul (2003a), Das EStGB－ein Vorschlag zur Reform des Ertragsteuerrechts, *Deutsches Steuerrecht*, Beihefter 5 zu Heft 37／2003

Kirchhof, Paul (2003b), *Einkommensteuergesetzbuch : Ein Vorschlag zur Reform der Einkommen－und Körperschaftsteuer*, Heidelberg

Koester, Gerrit B. (2009), *The political economy of tax reforms : An empirical analysis of new German data*, Nomos

Krause－Junk, Gerold (2010), Für und Wieder differenzierte Umsatzsteuersätze, *Wirtschaftsdienst* 9／2010

Lauterbach, Wolfgang, Thomas Druyen und Matthias Grundmann Hg. (2011), *Vermögen in Deutschland*, VS Verlag

Liebert, Nicola (2011), *Steuergerechtigkeit in der Globalisierung*, Münster

Maiterth, R and Zwick, M (2006), A Local Income and Corporation Tax as an Alternative to the German Local Business Tax, *Jahrbücher für Nationalökonomie und Statistik*, Bd. 226／3

Mann, Fritz Karl (1925), Reichsnotopfer, *Handwörterbuch des Staatwissenschaften*. 4.Aufl Bd. 6

Mann, Fritz Karl (1928), Vermögenssteuer, *Handwörterbuch des Staatwissenschaften*. 4.Aufl Bd. 8

Merz, Joachim und Markus Zwick (2002), Verteilungawirkungen der Steuerreform 2000／2005 im Vergleich zum"Karlsruher Entwurf", *Wirtschaft und Statistik* 8／2002

Meyer, Bettina (2006), Die Zukunft der Ökologische Finanzreform, in Truger, Achim Hg. (2006)

Meyer, Bettina und Damian Ludewig (2009), Zuordnung der Steuern und Abgaben auf die Faktoren Arbeit, Kapital, Umwelt, *FÖS-Diskussionspapier Nr. 2009/01*

Meyer, Bettina , Swantje Küchler und Damian Ludewig (2011), Zuordnung der Steuern und Abgaben auf die Faktoren Arbeit, Kapital, Umwelt, *FÖS-Diskussionpapier 2011/01*

Ochmann, Richard (2010), Distributional and Welfare Effects of Germany's Year 2000 Tax Reform, DIW Berlin Discussion Papers 1083

OECD (2006a), *Fundmental Reform of Personal Income Tax*, OECD Tax Policy Studies No. 13

OECD (2006b), *The Political Economy of Environmentally Related Taxes* (OECD 編・環境省環境関連税制研究会訳『環境税の政治経済学』中央法規, 2006年)

OECD (2008a), *Growing Unequal? Income Distribution and Poverty in OECD Countries*

OECD (2008b), *Consumption Tax Trends 2008*

OECD (2008c), *Revenue Statistics 1965-2007*

OECD (2011), *Revenue Statistics 1965-2010*

OECD (2012a), *OECD Environmental Performance Reviews Germany 2012*

OECD (2012b), *OECD Economic Surveys Germany 2012*

OECD (2012c), *Revenue Statistics 1965-2011*

Paulus, Alari und Andreas Peichl (2008), Effects of flat tax reforms in Western Europe on equity and efficiency, Fifo - CPE Discussion Papers No. 08 - 4 (Finanzwissenschaftliche Diskussionsbeiträge Nr. 08-4), Universität Köln

Peffekoven, Rolf(2009), Mehrwetsteuererhöhung: Keine nachhaltige Konsolidierung, *Wirtschatsdienst 7/2009*

Peffekoven, Rolf (2010a), Zur Reform der Mehrwertsteuer - Zurück zur einer generallen Konsumbesteuerung, Gutachten erstellt im Auftrag der Initiative Neue Sozale Marktwirtschaft

Peffekoven, Rolf (2010b), Reformbedarf bei der Mehrwertseuer: Steuerausfälle, Wettbers-verzerrungen und Ineffizienzen vermeiden, *Wirtschaftsdienst 9/2010*

Peffekoven, Rolf (2011), Reform der Umsatzsteuer kommt nicht voran, *Wirtschaftsdienst 6/2011*

## 参考文献

Peichl, Andreas und Thilo Schaefer (2008), Wie progressive ist Deutschland? Das Steuer – und Transfersystem in europäischen Vergleich, FiFo – CPE Discussion Paper No. 08 – 5

Reiche, Danyel T. und Carsten Krebs (1999), *Der Einstieg in die Ökologische Steuerreform*, Frankfurt am Main

Rheinisch – Westfälisches Institut für Wirtschaftsforschung und Finanzwissenschatliches Forschungsinstitut an der Universität Köln : RWI / FiFo (2007), Der Zusammenhang zwischen Steuerlast – und Einkommensverteilung : Forschungsprojekt für das Bundesmisterium für Arbeit und Soziales

Schlegelmilch, Kai (2005), Insights in Political Processes on the Ecological Tax Reform from a Ministerial Perspective, *FÖS – Diskussionspapier Nr. 2005/06*

Schratzenstaller, Margit (2002), Steuergerechtigkeit für niemanden. Rot – grüne Steuerpolitik 1998 bis 2002, in Eicker – Wolf, Kai et al.Hg., *"Deutcshland auf den Weg"Rot-Grüne Wirtschafts – und Sozialpolitik zwischen Anspruch und Wirklichkeit*, Metropolis Verlag

Schratzenstaller, Margit (2007) : Unternehmensbesteuerung in der Europäi – sche Union – Aktuelle Entwicklungen und Implikationen für die Steuerpolitik, *Vierteljahrshefte zur Wirtschaftsforschung 2/2007*, DIW Berlin,

Schratzenstaller, Margit (2011), Vermögensbesteuerung – Chancen, Risken und Gestaltugs – möglichkeit, *WISO Diskurs*, April 2011, Friedlich Ebert Stiftung

Seidl, Christian und Joachim Jickel hg. (2006), *Steuern und Soziale Sicherung in Deutschland : Reformvorschläge und deren finanzielle Auswirkungen*, Physica – Verlag

Seidel, Bernhard (2001), Die Einkommensteuerreform, in Truger Hg. (2001a)

Spengel, Christoph, Christina Elschner, Michael Grünewald und Timo Reister (2007), Einfluss der Unternehmensteuerreform 2008 auf die effective Steuerbelastung , *Vierteljahrshefte zur Wirtschaftsforschung 2/2007*, DIW Berlin,

Stein, Holger (2004), *Anatomie der Vermögensverteilung*, edition sigma

Stiftung Marktwirtschft (2006), *Kommission "Steuergesetzbuch"Steuerpoltisches Programm : Einfacher, gerechter, sozialer : Eine umfassende Ertragsteuerreform für Wachstum und Beschäftigung* (HP)

Truger, Achim Hg. (2001a), *Rot – grüne Steuerreformen in Deutschland.Eine Zwischenbilanz*, Metropolis Verlag

Truger, Achim (2001b), Der deutsche Einstieg in die ökologische Steuerreform, in Truger Hg. (2001a)

Truger, Achim (2004a), Rot-grüne Steuerreformen, Finanzpoltik und makroökonomische Performance-was ist schief gelaufen?, in Hein, Eckhard et al. Hg., *Finanzpolitik in der Kontraverse*, Metropolis Verlag

Truger, Achim (2004b), Verteilungs – und beschäftigspolitische Risiken akueller Steuerreformkonzepte, WSI – Diskussionspapier Nr. 120

Truger, Achim (2005), Das Kirchhof – Konzepte zwischen Wunsch und Wirklichkeit, *Policy Brief*, September 2005, Institut für Makroökonomie und Konjunkutur forschung

Truger, Achim und Claus Schäfer (2005), Perspektiven der Steuerpolitik, WSI Mitteilungen 8/2005

Truger, Achim Hg. (2006), *Die Zukunft des deutschen Steuersystems*, Metoropolis Verlag

Truger, Achim (2009), Ökonomische und soziale Kosten von Steuersenkungen : Das Beispiel der rot – grünen Steuerreformen, *PROKIA.Zeitschrift für kritische Sozialwissenschaft*, Heft 154, 39 Jg.Nr. 1

Verbist, Gerlinde (2004), Redistributive Effect and Progressivity of Taxes : An International Comparison across The EU using Euromod, Euromod working Paper No.EM 5/04

Wagenhals, Gerhard (2000), Incentive and Redistribution Effects of the German Tax Reform 2000, *Finanzarchiv* Vol. 57, No. 3

Warren, Neil (2008), A Review of Studies on the Distributional Impact of Consumption Taxes in OECD Countries, *OECD Social, Employment and Migration Working Papers*, No 64

Wenzel, Rüdiger (2008), *Die große Verschiebung, : Das Ringen um den Lastenausgleich im Nachkriegsdeutschland von den ersten Vorarbeiten bis zur Verabsiedung des Gesetzes 1952*, Franz Steiner Verlag

Wiegand, Lutz (1991), *Der Lastenausgleich in der Bundesrepublik Deutschland 1949 bis 1985*, Peter Lang

# 参考文献

石倉文雄（2005）「富裕税創設の是非と効果」水野編　第11章
財務省編（2006）『財政金融統計月報』2006年4月号
佐藤一光（2011）「環境税の導入過程と二重の配当論の再検討　－ドイツ・エコロジー税制改革を中心に－」日本財政学会編『財政研究　第7巻　グリーン・ニューディールと財政政策』有斐閣
佐藤一光（2012a）「ドイツ・エコ税をめぐる州政府の対応」日本地方財政学会編『日本地方財政学会叢書　第19号　地方分権の10年と沖縄，震災復興』勁草書房
佐藤一光（2012b）「ドイツにおけるエコロジー税制改革の発展と限界」日本財政学会編『財政研究　第8号　社会保障と財政』有斐閣
篠原正博（2009）『住宅税制論』中央大学出版部
鈴木義男（2001）「ドイツにおける2000年税制改革の特徴」明治大学『明大商学論叢』第83巻第1号
関野満夫（2005）『現代ドイツ地方税改革論』日本経済評論社
中村稔編（2012）『図説　日本の税制　平成24年度版』財経詳報社
中村良広（2001）「現代ドイツ税制改革論」北九州大学『商経論集』第36巻第2・3・4号
中村良広（2006）「ドイツ営業税改革の現段階」熊本学園大学『経済論集』第12巻3・4号
野田裕康（2008）「ドイツ税制改革論争の新展開」駿河台大学『駿河台経済論集』第18巻第1号
朴勝俊（2009）「ドイツ環境税制改革の歴史」『環境税制改革の「二重の配当」』第11章，晃洋書房
半谷俊彦（2000）「ドイツにおける所得・法人税統合方式の変更について」和光大学『和光経済』第33巻第1号
半谷俊彦（2001）「利潤課税負担の日独比較」和光大学『和光経済』第33巻第2・3号
丸谷玲史・永合位行（2007），「ドイツにおける分配問題」『海外社会保障研究』2007年夏第159号
水野正一編（2005），『資産課税の理論と課題　改訂版（21世紀を支える税制の論理　第5巻）』税務経理協会
森信茂樹（2007）「ドイツ税制改革について」『国際税制研究』No.19
諸富徹（2000）「環境税制改革の理論　－ドイツにおける環境税制改革論争の意義－」『環境税の理論と実際』第7章，有斐閣
諸富徹編（2009）『グローバル時代の税制改革』ミネルヴァ書房
吉牟田勲（2005）「資産課税の国際比較」水野編　第12章

## 著者紹介

**関野　満夫**（せきの　みつお）
1954年　東京都生まれ
1977年　北海道大学農学部卒業
1987年　京都大学大学院経済学研究科博士課程満期退学
1987年　中央大学経済学部助手
1990年　中央大学経済学部助教授
1996年　中央大学経済学部教授（現在に至る）
2009年〜2013年　中央大学経済学部長
専攻　財政学
京都大学博士（経済学）

主な著書
『ドイツ都市経営の財政史』中央大学出版部，1997年
『日本型財政の転換』青木書店，2003年
『現代ドイツ地方税改革論』日本経済評論社，2005年
『地方財政論』青木書店，2006年
『日本農村の財政学』高菅出版，2007年

著者との契約により検印省略

| 平成26年7月20日　初版第1刷発行 | 現代ドイツ税制改革論 |
|---|---|
| 平成27年1月20日　初版第2刷発行 | |

著　者　関　野　満　夫
発　行　者　大　坪　嘉　春
印　刷　所　税経印刷株式会社
製　本　所　牧製本印刷株式会社

発行所　〒161-0033 東京都新宿区下落合2丁目5番13号　株式会社 税務経理協会
振　替　00190-2-187408　電話（03）3953-3301（編集部）
ＦＡＸ（03）3565-3391　　　　（03）3953-3325（営業部）
URL　http://www.zeikei.co.jp/
乱丁・落丁の場合は，お取替えいたします。

© 関野満夫 2014　　　　　　　　　　　　　　　　Printed in Japan

本書の無断複写は著作権法上での例外を除き禁じられています。複写される場合は，そのつど事前に，（社）出版者著作権管理機構（電話 03-3513-6969，FAX 03-3513-6979，e-mail : info@jcopy.or.jp）の許諾を得てください。

JCOPY <（社）出版者著作権管理機構 委託出版物>

ISBN978-4-419-06124-1　C3033